Ernst Hashagen

U-Boote westwärts!

Ernst Hashagen

U-Boote westwärts!

ISBN/EAN: 9783954270835
Erscheinungsjahr: 2012
Erscheinungsort: Bremen, Deutschland

© maritimepress in Europäischer Hochschulverlag GmbH & Co. KG, Fahrenheitstr. 1, 28359 Bremen. Alle Rechte beim Verlag und bei den jeweiligen Lizenzgebern.
www.maritimepress.de | office@maritimepress.de

Bei diesem Titel handelt es sich um den Nachdruck eines historischen, lange vergriffenen Buches. Da elektronische Druckvorlagen für diese Titel nicht existieren, musste auf alte Vorlagen zurückgegriffen werden. Hieraus zwangsläufig resultierende Qualitätsverluste bitten wir zu entschuldigen.

Ernst Hashagen

U-Boote westwärts!

Vorwort zur ersten Auflage

Als England am 4. August 1914 den Krieg erklärte, waren wir in der deutschen Marine sicher, daß wir in allerkürzester Zeit einen schweren, äußerst schweren Kampf zu bestehen haben würden. Wir wußten, was uns bevorstand. Wir kannten unsere Schiffe, unsere Waffen und unsere Pflicht. Die Stimmung war ernst, aber zuversichtlich. Wir warteten auf die Schlacht.

Das Material der deutschen Schiffe war hervorragend, der Geist ihrer Besatzungen und ihre Ausbildung unübertroffen und das Ganze, die deutsche Hochseeflotte, ein in langer, mühevoller Friedensarbeit geschaffenes, unvergleichliches Instrument, die einzige Verkörperung des nationalen Einheitswillens aller deutschen Stämme. In den Händen einer energischen und zielbewußten Seekriegsleitung mußte sie dem deutschen Volk in der Stunde der Not ein Mittel sein, um seine Stellung als wachsende Seemacht zu behaupten und seine Freiheit wirksam zu verteidigen.

Aber die englische Flotte kam nicht, und die deutsche durfte nur kämpfen, wenn sie dazu gezwungen wurde oder wenn sich dabei „ernstere Verluste mit Sicherheit vermeiden ließen". Schon der erste Operationsbefehl an die Flotte war negativ und nagte von diesem Tage an am Mark der Schiffe. Man legte die Geschwader an die Kette und verdammte sie zur Untätigkeit in den Flußmündungen. Die „Politik" hielt sie zurück und verhalf so unseren Gegner zu einer ohne Verluste gewonnenen Schlacht. Als die U-Boote anfingen zu wirken und unseren Feinden gefährlich zu werden, fiel man auch ihnen in den Arm.

Krieg ist ein Spiel ums Leben. Wehe dem, der seine Karten nicht im richtigen Augenblick ausspielt! Ein kurzes Zögern gibt schon dem Gegner alle Vorteile in die Hand.

Die deutsche Flotte ist im November 1918 materiell völlig intakt zur Internierung nach Scapa Flow gefahren. Ihr Geist war durch die Politik zerschunden. Die letzten deutschen Männer haben sie mit eigener Hand versenkt. Die U-Boote mußten nach Harwich, es war „vaterländische Pflicht", sie dem Feinde auszuliefern.

Kann man daraus lernen? Lohnt es sich, die Geschichte dieser Flotte zu lesen? Die Geschichte der Torpedoboote, Minensucher und der U-Boote, deren Besatzungen bis zum letzten Matrosen und Heizer keine „Kulis" waren, sondern gutwillige und tapfere Deutsche, welche zu Tausenden freudig ihr Leben hingegeben haben für Sieg und Freiheit? Lohnt es sich für den Deutschen und seine Zukunft, zu erkennen, wie eine schlechte politische Führung den besten Geist zermürben, auch das tapferste Volk an den Abgrund reißen kann?

Auf dem Meere standen sich Deutschland und England als Gegner gegenüber. Zu großen Seeschlachten ist es mit Ausnahme der Skagerrakschlacht nicht gekommen. Trotzdem ist dieser Seekrieg für uns Deutsche das lehrreichste Kapitel des ganzen Krieges. Er ist der lebendige Ausdruck des Kampfes zweier Geisteswelten, vor allem aber ist er ein getreues Spiegelbild der „Politik" der kämpfenden Parteien. Gerade deswegen zwingt seine Geschichte unmittelbar jeden Deutschen, dem es ernst ist, mit dem Suchen nach Erkenntnis und Wahrheit, mit dem Lernenwollen für eine bessere Zukunft, darin zu studieren. Von deutscher Seite ist sie in einem fesselnd geschriebenen Admiralstabswerk „Der Krieg zur See 1914 bis 1918" niedergelegt, in England in den „Naval Operations" durch den inzwischen verstorbenen Sir Julian Corbett. Beide Werke sind auch für den Laien von allerhöchstem Interesse.

Politik treiben, erfolgreiche Politik treiben, kann nur, wer über Erfahrung und Wissen verfügt. Lernen, aus der Vergangenheit lernen, ist uns Deutschen bitter nötig. Nicht Schlagworte, nicht das Lesen von Zeitungen allein ist die Hauptaufgabe heute für uns und die kommenden Generationen. Wir haben im Großen Kriege die Politik nicht gemeistert. Nur wenn wir lernen, wenn wir politisch etwas „können" und wissen, werden wir bei einer neuen Prüfung besser bestehen.

Das Unterseeboot war eine wesentliche, zuletzt die ausschlaggebende Waffe im Kampfe gegen England. Westwärts sind wir auf unseren Booten gefahren durch Monate und Jahre. Dort, wo die Sonne an jedem Tage ins Meer sank, stand unser Feind, England. Im Westen, wo der Atlantik frei heranrollte an die felsigen Küsten des Inselreiches, dort, wo die großen Schlagadern des Britischen Weltreiches, die Handelsstraßen, offen zutage lagen, war der weitgespannte und sturmdurchbrauste Kampfplatz der U-Boote. Westwärts zogen wir immer wieder hinaus. Denn im Westen, im Kampfe gegen England, mußte sich das deutsche Schicksal entscheiden.

Was wir auf diesen Fahrten erlebt haben, ist in diesem Buche beschrieben. Es soll ein Bild zeichnen aus den Schicksalsjahren der deutschen Flotte, als deren äußerste Vorposten wir U-Boots-Fahrer im Atlantik kämpften. Es erzählt von der Welt des U-Bootes und von den Kämpfen auf und unter dem Meere.

Die nachstehenden Blätter enthalten viele „Ich"-Sätze. Das liegt in einer technischen Eigentümlichkeit des U-Bootes begründet. Es hatte nur ein Sehrohr. An diesem stand der Kommandant. Er allein sah und führte, er schoß, und er konnte niemanden fragen, was er jetzt gerade tun und ob er schießen sollte. Wir Kommandanten haben in der deutschen Marine eine gute Führerschule durchgemacht. Wenn wir durch sie erfolgreich waren, wollen wir das dieser Schule danken.

Viel höher zu bewerten ist die Haltung der „Geführten", die Haltung unserer Besatzungen. Ihnen, die nichts sahen, die blind, im wahrsten Sinne des Wortes blind vertrauen mußten, die unten im Boot ausharrten und ruhig ihre Pflicht taten, wenn die Bomben dichter und dichter einschlugen um die stählernen Wände, ihnen, die bis zum letzten, auch in den Revolutionstagen, treu zu ihren Führern gestanden haben, soll dieses Buch ein Denkmal setzen, den Lebenden und den Toten. Das Band zwischen allen U-Boots-Fahrern, gleichviel ob sie Offiziere oder Mannschaften waren, kann uns niemand zerreißen.

Hamburg, im Herbst 1930.

Ernst Hashagen.

Inhalt

Das Meer ist Schicksal und Gesetz	9
Der Seehund	13
Tauchpanne	21
Im Nordmeer	34
Die Welt des Unterseebootes	35
Kampf gegen Blockadebrecher	41
Menschenköder	46
„U 62"	58
Wie ich „Q 12" versenkte	63
Mimikry	71
Fragen aus der Tiefe	83
Durch die Netzsperre Dover-Calais	92
Konvoiangriffe	107
U-Boots-Morgen	115
Winternacht in der Irischen See	125
1918	132
Ausklang	142

Verzeichnis der Karten

Das Sperrgebiet um England	60
Die Netz- und Minensperre in der Straße Dover—Calais gegen Ende des Jahres 1917	103

Das Meer ist Schicksal und Gesetz

Die Welt um uns ändert sich, die Natur bleibt. Sie ist ewig und mit ihr das Meer. Seit undenklichen Zeiten wehen die Stürme von West nach Ost und von Ost nach West. Menschengenerationen kommen und gehen. Das Meer bleibt, ewig unfaßbar in seiner unendlichen Weite.

Der Seefahrer ist heute Kämpfer wie vor Tausenden von Jahren.

Das Schiff änderte seine Gestalt, das Meer blieb, wie es war. Die weißen Segel verschwanden, der Sturm nicht. Die Küsten wurden befeuert und sinnreiche Signale erfunden. Das Meer blieb frei und stark und spottete aller menschlichen Erfindungen und Künste. Ungezählte Schiffe wirft es alljährlich an den Strand. Besiegen läßt es sich nicht. Kämpfen muß, wer es befahren will.

Die Geschichte lehrt, daß Landkriege tiefe Umwälzungen in Ländern und unter Völkern verursachen können. Noch nach Jahrhunderten sind ihre Wirkungen zu spüren. Das Meer kennt keine Eroberung. Es läßt sich nicht halten und organisieren. Es verwischt alle Spuren und ist jeden Tag so neu und unberührt, wie von Anbeginn.

Der Landkrieg hat sich in seinem Wesen ständig gewandelt. Das Element des Seekrieges ist ewig und unveränderlich. Das Meer fordert gebieterisch sein Recht. Ist heute Freund und morgen Feind. Immer unberechenbar, launisch und gewalttätig. Bestenfalls neutral, aber in seiner Ungewißheit doch immer Feind. Alle Seekriege haben daher von jeher einen gemeinsamen Zug. Die Waffen und ihre Anwendung wechselten. Aber die Grundlage blieb, „die Wechselwirkung zwischen Meer, Schiffen, Menschen und Völkern".

Das Meer ist das Schicksal.

Die ewigen Gesetze des Meeres und die von Menschen geschaffenen Begriffe über „seine Freiheit" bestimmten die Lage zur See, als der Weltkrieg 1914 begann. Die „Freiheit der Meere" war in Wort und Schrift ein bekannter Begriff. Vielleicht gab es Leute, welche wirklich an seine Echtheit geglaubt haben. Hatten sie keine Geschichte gelesen? Das Meer ist in Friedenszeiten frei, in Kriegszeiten frei nur für den Stärkeren. Wenn ein Volk um sein Leben kämpft, macht es das Meer frei für sich selbst.

So erklärten die Engländer die Blockade. Kein Schiff erreichte mehr von außen die deutschen Küsten. Ein Dampfer mit Weizen aus Argentinien war „Konterbande" ebenso wie ein Bananenschiff von den Azoren. Was galten Begriffe und Bestimmungen! Es war Krieg. Wozu gab es das Seebeuterecht! Man brauchte es nur etwas weiter auszudehnen und richtig anzuwenden. Dann war Deutschland bald ausgehungert. Also die Blockade! Aber es war keine effektive Blockade, wie das Seekriegsrecht sie vorsah, also eine enge Bewachung und Abschließung unserer Küsten und Häfen. Das war gefährlich und schwierig, wenn nicht unmöglich, durchzuführen. England beschränkte sich auf eine Blockadeerklärung und fing im übrigen jedes Schiff ab, welches durch den Kanal oder nordwärts um Schottland die deutsche Küste zu erreichen versuchte. Tatsächlich hat während des ganzen Krieges kein fremdes Handelsschiff, von Westen kommend, jemals einen deutschen Hafen erreicht. Für Deutschland war die Lage verzweifelt. Wie lange konnte unsere Bevölkerung einen solchen Hungerkrieg aushalten? Kein Mensch wußte ein wirksames Mittel dagegen.

Da brachte der Krieg selbst die Antwort. Eine neue Waffe, das U-Boot, trat auf den Plan. „U 17" untersuchte am 20. Oktober 1914 vor Norwegen den englischen Dampfer „Glytra" und versenkte ihn, weil er Konterbande führte. Das, was schon in den letzten Jahren vor dem Kriege in verschiedenen Ländern theoretisch erörtert war, die Verwendung von U-Booten gegen Handelsschiffe, wurde mit einem Schlage Wirklichkeit. Das deutsche U-Boot gegen die englische Hungerblockade! Das war ein praktischer Gegenzug und der U-Boots-Krieg begann.

Schon bald nach der englischen Kriegserklärung drang ein deutsches U-Boot in den Firth of Forth ein. Tagsüber beobachtete es durchs Sehrohr die Bewegungen der feindlichen Schiffe. Nachts kam es an die Oberfläche, um Luft zu schöpfen. Staunend sahen die deutschen Seeleute englische Kriegsschiffe an sich vorüberziehen wie lautlose Schemen, selbst unsichtbar und wohl verdeckt durch die tiefen Schatten der schottischen Steilküste. Für den Rest der Nacht ging man auf den Grund des Meeres, um der Besatzung Schlaf und Ruhe zu geben. Mitten in Feindesland, umfangen von einer märchenhaften Stille, war das Traum oder Wirklichkeit?

Zuweilen schlugen ferne Geräusche an die stählernen Wände. Leise scheuerte sich das Boot auf dem Meeresboden. Geborgen und unangreifbar. Bis am andern Morgen die Strahlen der aufgehenden Sonne sich wieder fingen in einem kleinen, aber scharfgeschliffenen Glasspiegel, der sich vorsichtig, sehr vorsichtig über die Meeresoberfläche schob...

Es muß nicht allzu schwer fallen, sich mit etwas Phantasie die Wirkung dieser ersten U-Boots-Berichte auf die Heimat vorzustellen. Kühne Patrouillen hatte es auch schon in anderen Kriegen gegeben. Aber war das denn möglich? Man fuhr einfach mitten hinein in den Feind, beobachtete ihn so genau und solange man Lust hatte und verschwand wieder spurlos von der Bildfläche, wenn man wollte! So einfach und selbstverständlich klingt das alles heute. Und doch waren wir damals sprachlos vor Staunen. Das U-Boot schien todbringend und doch selbst unverletzlich zu sein.

Damit waren die ersten Erfahrungen gewonnen. Die Leistungen der U-Boote gingen sprunghaft vorwärts. Die Fahrten wurden weiter in den Kanal und nordwärts ausgedehnt. England wurde umfaßt. Hersing versenkte den englischen Kreuzer „Pathfinder", das erste durch ein U-Boot vernichtete englische Kriegsschiff, Weddigen die drei englischen Panzerkreuzer „Hogue", „Cressy" und „Abukir". Deutschland wachte auf, und England rieb sich die Augen. Drei große Schiffe auf einmal mit 2000 Menschenleben! Und das alles durch ein kleines Boot mit einer Besatzung von 20 Mann!

Aber es gab auch Verluste bei uns. „U 13" und „U 15" kehrten nicht zurück. Das letztere Boot wurde beim Angriff von der „Birmingham" gerammt, wie später die Engländer bestätigt haben. „U 13" blieb spurlos verschollen. Es liegt irgendwo auf dem Grunde des Kanals, zerschmettert, wie so viele seiner späteren Kameraden.

Weddigen ereilte bald darauf das gleiche Schicksal. Ein englisches Linienschiff schnitt sein Boot in zwei Teile. Der Bug bäumte sich noch einmal hoch auf unter der tödlichen Verwundung und zeigte die in großen weißen Buchstaben aufgemalte Nummer „U 29". Damit wußte die englische Admiralität viele Wochen früher als wir, welch großen Gegner sie vernichtet hatte.

Und doch war der Glaube an die Zukunft der U-Boote unerschütterlich. Das U-Boot war aus einem unbekannten und unheimlichen technischen Instrument zu einem lebendigen Wesen geworden. In den Flußmündungen der deutschen Bucht lag die schlagfertige Hochseeflotte, personell und materiell zu höchsten Leistungen befähigt. Beide brauchte man nur richtig anzuwenden, um unseren Feinden erfolgreich zu trotzen. Aber wie Tirpitz am Schluß seiner Erinnerungen sagt: „Das Deutsche Volk hat die See nicht verstanden. In seiner Schicksalsstunde hat es die Flotte nicht ausgenutzt." In diesem schlichten Satz liegt eine tiefe Tragik. In unzähligen Landkriegen haben wir Deutschen uns durch Jahrhunderte hindurch gegen Feinde auf allen Seiten gewehrt und behauptet. Wir bauten Schiffe, wir arbeiteten und organisierten. Wir gewannen Kolonien und hatten Handelsbeziehungen über die ganze Erde. Aber eine Flotte ist noch keine Seemacht, auch wenn sie U-Boote besitzt. Erst der Wille eines ganzen Volkes macht sie lebendig.

Wer wie wir U-Boots-Fahrer jahraus, jahrein die Gewalt des Meeres gespürt hat, wer sie auf kleinen Booten hat heranrollen sehen, die vom Weststurm gepeitschten gigantischen Seen, wer hörte, wie sie mit harter Faust an die Inseln und Felsen der englischen Westküste mahnend und aufrüttelnd schlugen, der versteht den tiefen Sinn, der in der Natur des Meeres liegt. Es hat manche Großmächte gegeben ohne Seemacht und ohne Seegeltung. Eine Weltmacht wird nur, wer das Meer versteht. Das Meer ist Schicksal und Gesetz. Wer es mißachtet, muß büßen.

Wir Seeleute kannten das Meer und fühlten seine Kraft in uns. Sie hätte uns befreien können, wenn wir gewollt hätten.

Das sind die Wurzeln und Anfänge des letzten großen Krieges auf dem Meer. Nicht wie sie sich in den Köpfen von Staatsmännern oder Politikern nach langem Grübeln und Studieren der Akten und Weißbücher ergeben, sondern wie sie das vom Meereswind geöffnete Auge des deutschen Seemannes sieht.

Man hat viele Bücher über den U-Boots-Krieg in allen Staaten geschrieben. Sie forschen nach dem Ursprung der Ereignisse und den Beweggründen der handelnden Staatsmänner. Das, was in diesem Buche niedergeschrieben ist, kommt nicht vom grünen Tisch oder aus den Tiefen wissenschaftlicher Forschung. Es ist das Bild, wie es sich dem deutschen Seemann blitzartig bei Beginn des großen Kampfes enthüllte und wie es heute noch unverändert steht, es sind die Erlebnisse deutscher U-Boots-Fahrer im Kampf um Licht und Luft und Freiheit.

Das Meer ist Schicksal. Über allem steht sein Gesetz. Wer das Meer kennt, liebt seinen Sturm und seine pfadlose Weite.

Der Seehund

April 1915. Lärm und Bewegung an der U-Boots-Brücke in Wilhelmshaven.

Ein frischer Wind läßt Flaggen und Wimpel auswehen, daß sie knattern.

Grau in grau spannt sich der friesische Himmel weit über den Deich. Es riecht nach Nordwest. Böen fegen wie Schatten über den Hafen, jagen Spritzer gegen Bollwerk und Schiffe, singen in Masten und Wanten und werfen sich mit verdoppelter Kraft weit draußen auf das grüngelbe Wasser der Jade.

An den Brücken liegen dichtgedrängt die U-Boote. Ein Netz von starken Stahlleinen spannt sich über ihre grauen Leiber. Zornig rüttelt der Wind an den Booten, schiebt sie vor und zurück, daß die Korkfender ächzen und knarren zwischen ihren rostigen Flanken.

Kaum sind die Linien der Boote richtig zu unterscheiden in dem Durcheinander von Stagen und sich kreuzendem Tauwerk, von Laufplanken, Stangen und weitgeöffneten Luken. Nur die Türme der Boote heben sich wuchtig heraus und zeigen an ihren Reihen trotziger Nietköpfe, daß es draußen und in der Tiefe des Meeres noch ganz andere Kräfte auszuhalten gibt.

Etwas schüchtern, wie immer im Leben, wenn man vor einer neuen Situation steht und unbekannten Menschen und Dingen entgegengeht, frage ich mich durch nach „U 22", dem Boot, auf welchem ich mich als Wachoffizier melden soll. Vieles ist mir fremd und unverständlich, und doch erfüllt mich eine große und freudige Spannung. Endlich ein ernsthaftes Kommando! Endlich etwas Handfestes. Ein U-Boot, das nicht wartet, bis der Feind es aus der Flußmündung holt. Endlich die freie See und der Feind! Deprimierend war die letzte Zeit auf „Kaiser Barbarossa" gewesen, einem alten Linienschiff des fünften Geschwaders, welches bei Kriegsausbruch aus dem „Kirchhof" in Kiel wieder herausgeholt wurde, wo es schon seit Jahren zu altem Eisen gelegt zu sein schien. Monat für Monat hatten wir mit den anderen Schiffen des Geschwaders geübt und evolutioniert. Aber aus einem alten Kasten kann man auch beim besten Willen kein modernes Schlachtschiff machen. Wir unternahmen „kühne" Fahrten in die Ostsee bis über Gotland hinaus und demonstrierten und blufften die Russen, so gut es ging. Aber im stillen wunderten wir uns über ihre Lauheit. Sie hätten nur ein paar wirklich moderne Schiffe hinausschicken sollen, um uns einmal richtig anzufassen. Dann wäre es bald mit unserem veralteten fünften Geschwader vorbei gewesen.

Oder wir lagen als Vorposten wochenlang im Schutz der Elbsände vor Anker. Auch kein Vergnügen bei den Dezemberstürmen der Nordsee. Eines Tages waren feindliche U-Boote in der Deutschen Bucht gemeldet. Das ganze Geschwader geriet in Aufregung, und wir suchten uns die Augen aus nach dem bösen Feind. Plötzlich um 7 Uhr in der Frühe — es schneite etwas, und gerade schimmerten undeutlich die Elbufer aus der Dämmerung — Alarm!! Ich stürze auf meine Gefechtsstation, schon kracht direkt über mir eins der 15 cm-Kasemattgeschütze.

„Feindliches U-Boot vier Strich an Steuerbord!"

Aber die Aufregung dauert nur einen Augenblick. Einer der Ausgucksposten hat eine schwarze Fahrwasserboje, welche im Elbstrom ein Kielwasser hinter sich herzog, für ein feindliches Sehrohr gehalten. Im unsicheren ersten Morgenlicht war das verzeihlich. Noch besser wurde es acht Tage später. Wieder war es frühmorgens, und wieder war U-Boots-Alarm. Eine ganze Salve blitzt auf und peitscht drüben am Bischoffsand die Elbe zu hohen Fontänen. Diesmal ist es wirklich etwas Lebendiges, aber auch wieder kein U-Boot, sondern ein — Seehund, welcher wohl sehen wollte, was es Neues gab auf der Elbe an diesem Morgen. Welch erschrecktes Erstaunen mag in den klugen Augen des kleinen Seehundes gelegen haben! Das Kugelpfeifen hatte man ja gelegentlich schon einmal gehört, aber Granaten, das war doch wieder mal eine neue und schreckliche Erfindung der Menschen gegen seine Sippe. Blitzschnell duckte er sich und vergrub sich melancholisch in den gurgelnden Tiefen der Elbe.

Das waren unsere „Kriegserlebnisse" im fünften Geschwader gewesen. Jetzt würde es anders werden, das fühlte ich. Bald würde man selbst den Seehund spielen, aber bei den Engländern, und sehen, was es Neues gab an ihren Küsten. Ob sie den stählernen Seehund wohl auch so lieblos empfangen würden, wenn er seine Nase drüben zwischen ihren Klippen heraussteckte und nach Beute Ausschau hielt? Würden sie ihn finden, diesen frechen Kerl, der sich den weiten Weg zu ihren Inseln erkämpfte und in dunklen Tiefen da überall herumschnupperte als ungebetener Gast? Wurden sie ihn aufstöbern aus seiner Ruhe zwischen den Sänden und ihn jagen und zurückhetzen über die Nordsee in seine Heimat an der Elbe, wo er hingehörte?

Aber für Erinnerungen war nicht der richtige Augenblick und so stürze ich mich also mit mehr Energie als Selbstvertrauen hinein in diese neue Welt, krieche durch den Maschinenraum von „U 22", wo alles noch aufgerissen ist, durch die Zentrale, wo die Tiefenruder ratternd probiert werden und Werftarbeiter in den Winkeln schrauben und hämmern, sehe in den Wohnräumen, wie der Proviant verstaut wird, und ende schließlich im Bugraum, wo gerade die Torpedos geregelt und dann in die Rohre geschoben werden. Eisen und Stahl überall, feucht, dreckig und ungemütlich. Es riecht nach Maschinen. Ich gehe noch einmal in die Zentrale, weil hier noch am meisten zu sehen und zu lernen ist. Ein erdrückendes Gewirr von Rohrleitungen und Rädern, von Sprachrohren, Kompassen, Manometern und Pumpen. Herrgott, wenn man doch erst wüßte, wozu das alles da ist!

„Das hier sind die Schaugläser in den Rohrleitungen, welche von den Tauchtanks kommen", erklärt mir der Ingenieur, „das kennen Sie ja wahrscheinlich von der U-Schule her. Es ist schlimm, daß wir noch immer keine zentrale Schnellentlüftung für die Tauchtanks haben."

Ich höre nur mit halbem Ohr hin. Beklemmend ist die Enge hier unten.

„Bei den Dingern hier", fährt mein Lehrer fort, „weiß man nie, ob und wann die Tauchtanks wirklich voll sind. Sie fluten bei den dünnen Rohren auch meistens ungleichmäßig, so daß das Boot nie schnell und vernünftig auf Tiefe kommt. Wenn wir im Seegang tauchen, gibt es jedesmal Zustand. Neulich hätte uns oben vorm Firth of Forth beinahe ein Zerstörer erwischt. Wie ein schwarzer Stier stürmte er heran durch die Nacht. Es stand ziemlich viel See, und das Boot wollte nicht durch die Oberfläche. Wir fluteten und fluteten und sackten schließlich wie ein Stein über den Achtersteven weg. Mit Mühe fingen wir uns dann wieder auf 50 Meter. Aber schön ist das nicht, wissen Sie, und man muß schon ganz verdammt aufpassen, um nicht eines Tages endgültig zu versacken." Das schien mir auch gerade nicht sehr hoffnungsvoll zu klingen, und nachdem ich noch einmal nach meinen Torpedos gesehen hatte, stieg ich abends im Dunkeln über tausend Hindernisse hinweg wieder an Land, um Abschied von der Zivilisation und ihren Freuden zu nehmen.

Erst spät konnte ich einschlafen, verfolgt von phantastischen und ganz verrückten Vorstellungen. So etwa wie auf einem futuristischen Bild muß es in meinen Träumen ausgesehen haben in dieser Nacht.

Ich glaube, ich war ein Seehund und konnte von außen in das U-Boot hineinsehen. In der Zentrale saß der Ingenieur vor seinen schlangenartigen Rohrleitungen, wie vor einem Klavier. Seine langen dünnen Finger tasteten sich in die Entlüftungsrohre der Tauchtanks. Aber er spielte doch nicht, sondern er drückte auf alle diese Rohre, drückte mit Verzweiflung gegen den schwarzen Bug eines Schiffes, das sich mitten hineinschob in das Bild, durch die Wand hindurch. Alles war voll von Rädern und Stangen, Ventile drehten sich und wurden größer und größer... Dann füllte der schwarze Bug alles aus, und ich hörte nur noch das Heulen des Windes über der Jade. „U-Boots-Komplexe" würde man heute sagen.

Am anderen Tage hatte sich der Wind gelegt, und wir fuhren bei ruhiger See zunächst nach der Ems hinüber, um uns dort bei der dritten U-Flottille noch etwas einzufahren. Das Boot hatte lange zur Reparatur in der Werft gelegen. Erprobungen und Übungen waren daher nötig, bis alles wieder gut im Trimm war.

Endlich waren wir am 15. April 1915 mit allem fertig und auslaufbereit.

Ein schöner, glitzernder Frühlingsmorgen lag über der See. Der Flottillenchef begleitete uns mit seinem Torpedoboot „G 137" aus der Ems heraus und führte uns noch sicher durch die von englischen U-Booten gefährdete Zone. Dann drehte sein Boot in elegantem Bogen nach Backbord. Die Leute winkten und schwenkten ihre Mützen. Bald versanken die gelben Dünen Borkums. Die Rauchwolke des Torpedobootes stand als letzter Gruß der Heimat noch lange weit hinter uns in den Wolken. Meine erste Fernfahrt nach Westen hatte begonnen.

„Handelskrieg führen nach Prisenordnung (Die Handelsschiffe durften hierbei nicht ungewarnt versenkt werden. Man mußte sie vorher untersuchen und für die Sicherheit der Besatzungen sorgen.) an der Westküste der britischen Inseln" hieß der Befehl. So steuerten wir also zunächst in weitem Abstand von der englischen Ostküste nach Norden. Im Kanal hatten die Engländer gerade neue Minenfelder gelegt, deren Lage noch nicht genau festgestellt war. So war es sicherer, den Weg nördlich um England zu wählen.

Die Fahrt verlief zunächst ohne besondere Ereignisse.

Am nächsten Morgen kam die zwischen den Orkneys und den Shetlands liegende hohe Insel Fair in Sicht. Nach einem kurzen

Intermezzo mit zwei Bewachern, die im weiten Ozean mit einem zwischen sich ausgespannten Netz nach uns suchten, nahm uns die lange Ozeandünung auf. Das Barometer fiel langsam, und mit auffrischendem Westwind kündete sich Schlechtwetter an. Wir mußten auf möglichst kurzem und schnellem Weg unser Haupttätigkeitsgebiet in der Irischen See zu erreichen suchen.

Bei dunkler Nacht passierten wir die weit hörbare und weißgrünlich leuchtende Brandung des „Nun-Rock". Das Feuer von Sule-Skerry zeigte uns den Weg. Mit Tagesanbruch sollten wir bei Kap Wrath, an der Nordeinfahrt zur Minch (Durchfahrt zwischen Schottland und den Hebriden) stehen. Als es hell wurde, hatte sich das Wetter aber gründlich verschlechtert. Es war eben noch April, und lange suchten wir vergebens durch die jagenden Nebelschleier nach der Küste. Erst gegen Mittag drang plötzlich ein dumpfes Donnern zu uns herüber, gleichzeitig wuchsen, vom Dunst umwoben, die riesenhaften Formen einer hohen Felsküste vor uns aus der See. Der Eindruck war überwältigend, einer Vision gleich. Für kurze Momente sahen wir auf schwarzem, von der Brandung stürmisch umworbenen Felskap einen schlanken Leuchtturm, einige Häuser, darüber einzelne, in dunkle Felshalden eingebettete Schneefelder. Dann hatten graue Nebelschwaden wieder alles verschlungen. Der kurze Blick hatte genügt. Wir wußten jetzt genau, wo wir waren. Die Fahrt durch die Enge konnte gewagt werden. Unser Plan war folgender:

Die in der Mitte der Minch liegenden, unbewohnten Shiant-Inseln sollten uns bei der Ansteuerung der Durchfahrt vor den Blicken der sehr wahrscheinlich direkt vor der Enge stehenden englischen Bewachung schützen. Die letzte freie Strecke mußte mit hoher Fahrt über Wasser zurückgelegt werden. Tauchen wollten wir erst möglichst spät oder wenn wir vom Gegner dazu gezwungen wurden.

Solange wir unter den hohen Ufern der Shiant-Inseln entlangfuhren, ging alles gut. Als wir von ihrer Südspitze freikamen, lag die von schneebedeckten Bergen der Hebriden riesenhaft überhöhte Enge frei vor uns. Feuerschiff und Leuchtturm, die beiden Torpfosten der Durchfahrt, traten klar hervor. An der engsten Stelle, gerade da, wo wir hindurch mußten, dösten drei englische Bewacher. Bei uns war jeder auf seiner Alarmstation. Wurde der Gegner aufmerksam, war immer noch Zeit genug zum Tauchen. Außerdem mußten wir auch aus navigatorischen Gründen so nahe wie möglich heran an die Durchfahrt.

Plötzlich kommt Bewegung in die Gesellschaft! Ein Signal geht hoch. Dicke Rauchballen steigen auf. Schon blitzt es auf dem uns zunächst stehenden Gegner auf. Ein feines Singen, schnell anschwellend: Ssssst — Schack — Pfumm!!! und zischend fährt der erste Einschlag einige hundert Meter vor uns ins Wasser.

Jetzt wird's Zeit!! „Fluten!! Auf zehn Meter gehen!"

Sekundenlang hören wir, im Turm stehend, eiliges Durcheinander unter uns im Boot. Endlich die Meldung: „Schnellentlüftungen sind auf!!" Rauschend entweicht die Luft aus den Tauchtanks, schon leckt die See am Turm empor, langsam und sicher taucht das Boot, weißen Gischt aufwerfend, unter die kristallklare Oberfläche. Eine kurze Zeitlang ist die Tauchstelle noch von großen Luftblasen und dem am Boot haftenden Öl gekennzeichnet. Dann verwischt Neptuns rauhe Hand auch diese letzten Anzeichen unserer einstigen Anwesenheit in den oberen Regionen seines Reiches.

Ein Blick durchs Sehrohr zeigt, daß der Feind wütend schießend der Tauchstelle zustrebt. Wir gehen ihm unter Wasser aus dem Wege, kontrollieren noch einmal durch Peilungen des Leuchtturms und Feuerschiffes unseren genauen Standort und gehen dann in größere Tiefe hinunter, um auch etwa in der Enge ausgelegte Netze oder Minen zu untertauchen.

Im Boot herrscht lautlose Stille. Nur die elektrischen Maschinen summen. Ich stehe an dem kleinen ovalen Turmglasfenster und suche, mit der Stirn ans Glas gepreßt, das unterseeische Dunkel zu durchdringen. Große Quallen, in prachtvollen Farben schillernd, segeln durch ihr grünblaues unermeßliches Reich. Nichts ist hastig. Alles atmet im Gegensatz zu der eben durchlebten Spannung eine märchenhafte Ruhe. Luftblasen quellen aus dem Deck hervor und steigen silbern nach oben...

Jetzt müssen wir in der Mitte der Durchfahrt stehen. Die Glasfenster sind vorsichtshalber durch stählerne Gefechtsblenden geschlossen. Das Sprachrohr vom Heckraum pfeift: „Schürfendes Geräusch Steuerbord achtern." Minen oder Netze? Wir wissen es nicht. Noch tiefer steigen wir hinunter. Das Geräusch verliert sich. Auch das Unterwassertelephon vernimmt keinen Laut außer dem gleichmäßigen Mahlen der eigenen Maschinen. Von starkem Strom geschoben, schwimmen wir sicher unserem fernen Ziele zu.

Nach einer Stunde steigen wir vorsichtig nach oben und halten Umschau. Es ist schon fast dunkel und durchs Sehrohr kaum noch etwas zu erkennen. Hinter uns liegt die Enge. Kein Feind ist mehr zu sehen. Der Leuchtturm auf den Hebriden brennt schon.

Geisterhaft huschen seine Strahlen über Felsen und Wasser. Wir tauchen auf. Bevor die Nacht sich senkt, nehmen wir noch einmal das großartig düstere Bild der Natur in uns auf. Dann springen fauchend die Dieselmotoren an, und weiter geht's in die Dunkelheit hinein, dem Südausgang der Minch zu.

Die Nacht wird ungemütlich werden. Schwere Wolken jagen über den Fjord, prallen an die breiten Felswände, werden emporgerissen und zerflattern hoch über uns wie graue Mähnen. Die starken, über das Boot gespannten und als Netzschutz dienenden Drahtseile beginnen zu „singen". Wahrend der letzten Nachtstunden sind wir noch im Schutze der Hebriden. Mit Hellwerden wird bei der Südausfahrt der Tanz losgehen.

Als ich um vier Uhr früh zur Morgenwache auf die Brücke komme, zieht gerade die erste Dämmerung herauf. Im übrigen ein übles Wetter. Von Land nichts zu sehen. Der Südwest hatte sich noch mehr aufgenommen und wehte in Stärke 8. Dazu peitschender Hagel im Gesicht und keine tausend Meter Sichtigkeit. Landfeuer waren schon seit zwei Uhr nachts nicht mehr gesichtet worden. Sehen oder irgend etwas erkennen war ausgeschlossen.

Gegen halb fünf Uhr früh schienen wir sehr schnell in immer steilere und schwerere See hineinzukommen. Ich bat den Kommandanten auf die Brücke, da ich befürchtete, daß das Brandungsseen wären und wir der Küste zu nahe ständen. Er meinte aber, daß die Küste mindestens 20 Seemeilen entfernt sein müsse. Wir wären anscheinend in die in der Karte besonders vermerkten „dangerous overfalls" hineingeraten, die er mit unserem Kurse gerade hätte vermeiden wollen. Unberechenbare Stromkräfte seien die Ursache.

Mit den „dangerous overfalls" (gefährliche Stromschnellen) hatte es folgende Bewandtnis:

Aus hunderten und mehr Metern steigen an einzelnen der schottischen Küste vorgelagerten Stellen Riffe bis etwa 17 Meter unter die Oberfläche. Wenn Wasser und Strom sich aus größeren Tiefen auf diese Stellen zuwälzen, gibt es bei ruhigem Wetter harmlose Wirbel, bei Sturm aber eine gefährliche und wild durcheinanderlaufende Brandungssee, welche namentlich Segelschiffen leicht zum Verderben werden konnte.

Bei dem unsichtigen Wetter hatten wir die Annäherung an diese Stelle nicht rechtzeitig genug spüren können und waren plötzlich mitten drin in dem brodelnden Hexenkessel. Wer noch nicht Seemann war bei uns an Bord, der ist es in dieser Nacht bestimmt geworden. Innerhalb weniger Minuten verwandelte sich die See in schäumende Raserei. Von allen Seiten stürzten sie heran, türmten sich höher und höher, die opalgrünen Berge mit ihren sprühenden Kronen, und prallten, sich hoch aufbäumend und rückwärts überschlagend, mit voller Wucht zusammen. Das Boot krachte und ächzte in allen Fugen, wenn es mit seinem Bug wie von der Höhe eines Berges jäh hinabfuhr in das kochende Wellental. Tosend und brausend warf der Sturm sich auf das Meer und riß es in Fetzen in den grauenden Morgen.

Festgebunden und vermummt im Ölzeug standen wir auf dem kleinen Turm und hatten Mühe, Atem zu holen zwischen den uns brüllend überlaufenden eiskalten Wassermassen. Aber der Seehund schwamm und war in seinem Element.

Tauchpanne

Langsam kämpften wir uns durch und weiter nach Süden. Die See nimmt allmählich wieder ihre frühere Gestalt an. Aber das Wetter wird schlechter. Wir sind jetzt mitten im Feindesgebiet und können jeden Augenblick überrascht werden, solange es so unsichtig bleibt.

Gerade habe ich mein Doppelglas wieder einmal zum Trocknen in den Turm gegeben und gegen ein anderes ausgetauscht, als der wachhabende Ausguck erregt mit dem Arm nach vorne zeigt:

„Ein Fahrzeug vier Strich an Backbord!" Ich reiße das Glas hoch, sehe aber vor lauter Sprühregen nichts, rufe gleichzeitig und instinktiv: „Äußerste Kraft voraus, hart Steuerbord", suche dann mit bloßem Auge etwas zu erkennen und kann nur noch zwei Schornsteine über einer langgestreckten, verschwommenen Masse ausmachen, welche im gleichen Augenblick vom Nebel wieder verschluckt ist.

Das ist noch einmal gut gegangen, denke ich. An Angreifen war bei solchem Wetter sowieso nicht zu denken. Glücklicherweise war es im Augenblick gerade etwas heller gewesen, so daß wir das Schiff auf etwa 1000 Meter Abstand noch rechtzeitig genug gesehen hatten, um abdrehen zu können. Aber eine ungemütliche Geschichte bleibt so eine Begegnung im Nebel doch immer, und außerdem: Was macht denn hier der große Dampfer ganz außerhalb aller Handelswege? Schien er nicht auch schnittig gebaut zu sein wie einer von den großen Überseedampfern, welche jetzt als Hilfskreuzer eingestellt sind?

Eigentlich hätten wir jetzt tauchen sollen, da wir die Nähe des Gegners kannten und obendrein über seinen Charakter nicht im klaren waren. Bei solchen Begegnungen im letzten Moment erst tauchen, ist immer eine gefährliche Sache, namentlich bei schwerer See, welche das Boot hochwirft und nur langsam durch die Oberfläche kommen läßt. Aber unter Wasser war es auch wieder nicht ganz geheuer. Wir hatten lange Zeit keine Landpeilung gehabt und wußten daher nicht mehr genau, wo wir waren. Auf 20 Meter fahren, war unter solchen Umständen in dieser klippenreichen Gegend eine Fahrt ins Blinde, die leicht mit einem Krachen und Aufstoßen auf Felsen enden konnte. Wir blieben also oben, machten aber die Tauchklappen schon auf, um ein Schnelltauchen zu erleichtern. Das war eine Vorsichtsmaßregel, die zwar sachlich richtig war, in ihren mit anderen unglücklichen Umständen zusammentreffenden Folgen aber sehr bald verhängnisvoll werden sollte.

Zwei Stunden später klang plötzlich die Alarmglocke. Jäh fuhr man aus bleiernem Schlaf auf, in welchen uns die Anstrengungen der Morgenwache versetzt hatten. Taumelnd und unsicher tappte man sich in dem schwer in der See arbeitenden Boot zurecht. Keiner wußte, was oben vor sich ging. Nur die Glocke schrie und gellte: Gefahr! Gefahr!! — Dann hörten wir den Kommandanten im Turm rufen: „Hilfskreuzer in größter Nähe, so schnell wie möglich und mit allen Mitteln unter Wasser gehen!"

Gebannt hängen die Blicke am Tiefenmanometer. Mehrere Male werfen die Seen das Boot noch wieder hoch, dann endlich steigt der Zeiger langsam auf 8, 10 und 15 Meter. Schon glauben wir das Boot in Sicherheit, als es plötzlich und aus unaufgeklärten Gründen anfängt, sich stark und schnell nach vorne zu neigen. Blitzartig schießt mir durch den Kopf, was der Ingenieur über die schlechten Taucheigenschaften des Bootes gesagt hatte. Aus der Zentrale kommt die Meldung, daß das vordere Tiefenruder in der Lage „hart unten" festgeklemmt ist und sich nicht bewegen läßt. Gleichzeitig stellt sich das Boot immer mehr auf den Kopf und beginnt jetzt schnell in größere Tiefen zu sinken. Der Tiefenmanometer zeigt schon über 70 Meter! Unverzüglich ergeht in dieser bedrohlichen Lage der Befehl zum „Preßluft geben". Ich höre das Zischen der 160 Atmosphären und fühle in den Fußspitzen, wie das Boot sich vorne langsam zu heben und auch wieder zu steigen beginnt. Auf alle Fälle müssen wir unter Wasser bleiben, bis der Gegner oben verschwunden ist. Das gelingt aber nicht. Das Boot „kippt" und steigt, von der Preßluft erleichtert, schnell höher. Die starke Bewegung der See bewirkt, daß wir durch die letzten 25 Meter mit einem Ruck wieder an die Oberfläche geworfen werden.

Der Gegner oben ist anscheinend derselbe Hilfskreuzer, den wir heute früh schon einmal im Dunst gesehen haben. Diesmal aber ist ein Ausweichen über Wasser von vornherein ausgeschlossen gewesen. Im letzten Augenblick hat er uns beim Tauchen dann doch noch gesehen. Dann waren wir für sechs bis acht Minuten verschwunden. Jetzt taucht plötzlich der Turm wieder über den Wellen auf. Sofort eröffnet der Kreuzer ein heftiges Feuer, War das nicht mit dem Seehund auf der Elbe ganz ähnlich gewesen? Wir sehen im Sehrohr das Aufblitzen der Breitseitgeschütze und hören das Krepieren der um den Turm einschlagenden Granaten. Ein einziger Treffer in der augenblicklichen Lage ist absolut tödlich für uns. Oben können wir also auf keinen Fall bleiben. Das Boot mit festgeklemmtem Tiefenruder und ganz unnormalen Gewichtsverhältnissen nach der eben erlebten Tauchpanne aber wieder unter Wasser bringen, ist schwierig und sehr riskant. Zum Überlegen bleibt keine Zeit. Also, wieder hinunter in die Tiefe! Sehr wohl ist uns nicht zumute, als die Wellen zum zweitenmal über unseren Köpfen zusammenschlagen.

In der Folge überstürzten sich die Ereignisse derart, daß es schwer ist, sie in einem Bilde zusammenzufassen. Das vordere Tiefenruder saß immer noch fest eingeklemmt. Dadurch entstand eine ähnliche Lage wie beim erstenmal. Infolge mehrmaligen Anblasens mit Preßluft kannten wir die Gewichtsverhältnisse nicht mehr genau. Ein Mit-dem-Kopf-nach-unten-Hängen wechselte in schneller Folge mit übermäßiger Neigung nach hinten. Jeder mußte sich mit aller Kraft an seinem Platz festhalten, um auf den öligen Flurplatten nicht den Halt zu verlieren und dadurch für die Bedienung des Bootes ganz auszufallen. Unser Preßluftvorrat drohte zur Neige zu gehen. In der allmählich einsetzenden Unruhe wurde zu allem Unglück ein Preßluftventil falsch bedient und dadurch das Boot nicht vorne, sondern hinten gestützt. Das war um so weniger zu verwundern, als die Leute an den Ventilrädern, die sie drehen sollten, krampfhaft angeklammert hingen. Die Sicherheitsgewichte — die Ultimo ratio des Bootes — sollten geschuppt werden, um das Boot zu erleichtern. Der dazugehörige Schlüssel war durch die unnormale Neigung des Bootes von dem Haken, an dem er hängen mußte, heruntergerutscht und zwischen die Maschinen ins Öl gefallen.

Fast 40 Grad vornüber geneigt hing das Boot, genau wie zehn Minuten vorher, in der Tiefe. Der Batteriemaat meldete, daß die Akkumulatorenbatterie (infolge der starken Neigung) begänne, überzulaufen. Die Batterie fing an zu „gasen". Das war das Ende, wenn es uns nicht gelang, in kürzester Zeit dem inneren Boot wieder frische Luft zuzuführen. Unter uns unergründliche Tiefen. Im Boot keine Lebensmöglichkeit mehr. Und oben der Feind. Der Augenblick war mehr als kritisch.

Noch heute sehe ich das Gesamtbild klar vor Augen. Auf den Gesichtern stand deutlich die Erkenntnis der ernsten Lage geschrieben. Der Tod grinste in seiner furchtbarsten Gestalt aus den Winkeln. Ich weiß noch, daß ich mich als Neuling, der in solchen Gefahrlagen noch keine verantwortliche Tätigkeit übernehmen durfte, in eine Ecke der Zentrale, in der sich die

Tragödie abspielte, zurückgezogen hatte. Die tieferen technischen Zusammenhänge erfaßte ich damals nur unvollkommen, wohl aber ahnte ich, daß unser Können erschöpft und das Ende nahe sei. Ich habe mich später gewundert, daß man in solchen Augenblicken überhaupt fähig ist, mit einer gewissen Sachlichkeit zu denken und zu urteilen. Es war mir, als wenn ich Zuschauer sei in meinem eigenen Leben, und das in einem nicht gerade sehr beneidenswerten Augenblicke. Ich kann nicht sagen, daß es ruhig war um mich in der Zentrale. Hastiger, gepreßter als sonst kamen die Befehle und die Antworten. Aber es war doch wieder nicht laut. Es war mehr ein stummes verzweifeltes Ringen des Menschen mit unsichtbaren Kräften. Man fühlte körperlich, wie draußen im Meeresdunkel irgendwo ein unheimlicher Roche lauerte, der nur darauf wartete, das Boot hinabzuziehen und wie ein Kartenhaus in seinen Armen zu zerdrücken. Nur der Wille hielt uns aufrecht, der eiserne Wille zum Leben und zum äußersten Widerstand.

Dieses Hängen in der Tiefe mag nur kurze Minuten gedauert haben. Zeitbegriffe hat niemand in solchen Momenten. Der Fehler in der Preßluftzuführung konnte endlich gefunden und ausgeglichen werden. Gleichzeitig gelang es, das vordere Tiefenruder wenigstens für Handbetrieb wieder drehbar zu machen. Der Spiegel an der Wasserwaage, der schon lange über die auf der Skala höchstzulässige Gradzahl hinausgestiegen war, sank langsam. Das Boot richtete sich auf, und der Zeiger am Tiefenmanometer kletterte mühsam zurück bis unter 50 Meter. Da die gasende Batterie unmittelbar Vergiftungsgefahr (Chlorgas) für die Besatzung mit sich brachte, deren erste Erscheinungen sich schon in Ohnmacht und Beklemmungen zeigten, mußten wir jetzt sofort und schnellstens nach oben. Wurden wir dort auch vom Feinde erfaßt, so konnte wenigstens ein Teil der Besatzung gerettet werden.

Schweren Herzens gab der Kommandant den Befehl zum Auftauchen. Zischend fuhr der Rest unserer Preßluft in die Tauchtanks und brachte das Boot schnell an die Oberfläche, wie wir glaubten, zum letzten bitteren Akt. In der Zentrale hatte sich um die schmale eiserne Leiter, welche der letzte Rückweg ins Leben war, die Besatzung zusammengedrängt. Mit einem Ruck wird das Turmluk aufgerissen. Einer klettert heraus und ruft vom Turm erregt und freudig nach unten:

„Dichter Nebel oben! Vom Feind nichts mehr zu sehen!" Sollte es wahr sein, sollte dies unsere Rettung werden, die einzige, die überhaupt möglich war?

Als ich schnell nach oben steige, sehe ich, wie dichte graue Schleier schon in wenigen Metern Abstand vom Boot alles verhüllen. Irgendwo in diesem Gebräu, ganz nahe bei uns, muß der Gegner stecken. Hastig ergehen die Befehle, um das Boot ganz aus dem Wasser zu bringen. Niemand will laut rufen. Es ist, als wenn wir nur durch einen dünnen Vorhang vom Feind getrennt sind. Wir wagen nicht einmal die Dieselmotoren anzuwerfen und schleichen uns mit den leiseren elektrischen Maschinen „auf den Zehenspitzen" davon. Die ersten zehn Minuten sind kritisch. Noch einmal tauchen hätten wir jetzt nicht können. Dann weicht die Spannung allmählich, und die stärkeren Dieselmotoren ziehen uns hinaus in den freien Ozean. Diesmal ist das Meer Freund. Der Hilfskreuzer tobt wie ein Blinder in demselben Nebel herum, der uns in seine verhüllenden Arme genommen hat.

Die Freude über die unverhoffte Rettung wird bald abgelöst von der traurigen Erkenntnis unserer Lage. Die Akkumulatorenbatterie war übergelaufen und ihre Isolation dadurch so geschwächt, daß sie nur noch sehr geringe Kraftmengen hergab. Damit waren wir verwendungsunklar, konnten nur im Notfall tauchen und dem Boot längere Tauchfahrten nicht mehr zumuten. Wir mußten dicht vor Erreichen unseres Zieles und ohne irgendeinen Erfolg umkehren und versuchen, uns oben um England und durch die Nordsee die rund tausend Seemeilen, welche uns von der Heimat trennten, über Wasser durchzuschlagen. Das war eine bittere Enttäuschung!

Wie alles gekommen war?

Im allgemeinen wohl eine Verkettung unglücklicher Umstände, wie sie ja so oft Katastrophen vorauszugehen pflegt. In erster Linie waren die offenen Tauchklappen an allem schuld. Die Entlüftungen hatten nicht ganz dicht gehalten. Bei dem Stampfen in der schweren See waren schon vor dem Tauchen ungleiche Wassermengen unten in die Tauchtanks eingedrungen. Als dann beim ersten Alarm die Entlüftungen ganz geöffnet wurden, wird der vorderste Tauchtank schon einen kleinen Vorsprung gehabt haben, so daß er schneller voll Wasser lief (flutete) als die hinteren. Dadurch entstand eine Neigung nach vorne, die sich, sobald das Boot ganz unter Wasser war, von selbst wieder ausgeglichen hätte, wenn nicht die in demselben Sinne wirkende Kraft des „hart unten" geklemmten Tiefenruders dazugekommen wäre. Die in der entstehenden Unruhe gemachten Bedienungsfehler haben dann das Unglück vollgemacht. Die Rettung hatten wir in erster Linie unserem Ingenieur zu verdanken, der das Boot in diesem wahnwitzigen Hexentanz unter Wasser doch nicht hatte versinken lassen. Das Überlaufen der Batterie ist immer mit solchen katastrophalen Neigungen verbunden. Die Schwefelsäure verbindet sich mit den meist unten im Boot stehenden Seewasserresten. Es entstehen Chlorgase, die für den Menschen tödlich sind. Wir konnten dankbar sein, daß sich in unserem Falle Gase nur in geringen Mengen entwickelt hatten. Die schleunigste Zuführung frischer Luft glich die schädliche Wirkung sehr bald aus, ohne daß ernstliche Schäden an der Gesundheit der Besatzung entstanden.

Die Rückfahrt wurde in weitem Bogen außen um die Hebriden herum angesetzt. Bei Schnee und Hagelsturm näherten wir uns in der übernächsten Nacht der Durchfahrt bei der Insel Fair. Bewachung wurde nicht gesehen. In hohlen Bergen lief die See von achtern auf. Das ganze Boot phosphoreszierte. Man wußte nicht, ob es eigentlich ganz hell oder ganz dunkel war. Zu sehen war jedenfalls nichts. Um 4 Uhr tauchte die Insel recht voraus aus der Dämmerung in schattenhaften Umrissen auf, zeitweise von weißen Böen verhüllt. Dazu war eine Hundekälte, die durch vierfache Wollkleidung und Ölzeug bis auf die Knochen durchdrang. Erst als wir aus diesem berüchtigten Wetterkessel heraus waren, wurde das Wetter besser. Die alles durchdringende Feuchtigkeit im Innern des Bootes schwand allmählich, und die Freiwache der Leute konnte nach den Anstrengungen und Entbehrungen der letzten Tage wieder längere Zeit an Deck sein und gründlich frische Luft schnappen.

Gott sei Dank hielt das gute Wetter auch in den nächsten Tagen an, was aber den Nachteil hatte, daß es sehr sichtig wurde und von allen Seiten Bewacher und Fischdampfer neugierig heranschossen, um zu sehen, was da für ein interessanter „Punkt" durch die Nordsee steuerte. Wir waren gar nicht angriffslustig gestimmt und suchten möglichst ungesehen zu bleiben. Einige von ihnen zwangen uns zu weiten Umgehungen und, wo dies nicht angängig war, zu Durchbrüchen, bei denen wir uns die zudringlichsten mit der Kanone vom Leibe halten mußten.

Am letzten Abend gingen wir vor der Ems auf Grund, weil wir während der Nacht nicht einlaufen durften. Da hierbei die Akkumulatorenbatterie nur wenig beansprucht wurde, konnten wir uns das gerade noch leisten. Irgendwo in der Gegend, nicht weit von uns, mußten unsere englischen Freunde von der „Zunft" liegen. Schade, daß man nicht aussteigen konnte, um auf dem

Meeresgrund entlang zu gehen und den Klabautermann unter Wasser bei der „anderen Seite" zu spielen.

An diesem Abend saßen wir Offiziere zum ersten Male alle zusammen in der Messe. Leise pendelnd wiegte sich das Boot auf dem sandigen Grunde der Nordsee. So war das U-Boots-Leben eigentlich ganz romantisch und schön. Die „Tauchpanne" vom 19. April wurde in allen ihren Phasen technisch zerpflückt. Nicht weit von der Insel Staffa an der schottischen Westküste hatte uns der Hilfskreuzer gestellt. Wie viele Märchen woben wohl um diese dunklen Felsen und tiefen Fjorde, in welchen schon die Wikinger ihre Boote ausgerüstet hatten? Was wäre passiert, wenn wir die Tauchpanne gerade über den unterirdischen Felsen der „dangerous overfalls" gehabt hätten? Wie war es möglich, daß der Nebel sich in wenigen Minuten gerade um uns so dicht zusammengezogen hatte wie eine Tarnkappe?

Tief saß uns allen noch die Erregung über die Erlebnisse in den Knochen. Nur neun Tage waren wir draußen gewesen, mit allem, was dazwischenlag, eine Ewigkeit. Am anderen Morgen liefen wir bei schönem Wetter in die Ems ein. Schneeweiß leuchteten die Häuser von Borkum in der Sonne, überragt von dem weit sichtbaren neuen Leuchtturm. Durchs Glas erkannten wir das Signal: „Herzlich willkommen in der Heimat!" Viel geleistet hatten wir gerade nicht, aber wir hatten doch das Gefühl, daß es gut war, „daß wir wieder da waren". Ich hatte viel, sehr viel gelernt und „erfahren" auf dieser meiner ersten U-Boots-Fahrt. Eine so schlimme Tauchpanne habe ich in späteren Jahren nie wieder erlebt.

Nach einigen Tagen kam für einige von uns das Eiserne Kreuz. Tapferkeit vorm Feinde zu zeigen, hatten wir eigentlich keine Gelegenheit gehabt. Ich nahm es für den „Schrecken" und gelobte nur, die Tapferkeit später nachzuholen.

Den „Seehund" spielen, fand ich, hatte auch seine Schattenseiten.

Im Nordmeer

Im Kriege bleibt für Erinnerungen nicht viel Platz. Immer gibt es etwas Neues, was das eben Geschehene in den Schatten stellt. So hatte auch „U 22" seine Tauchpanne bald vergessen. Ein Menschenleben war billig geworden. Daß auch das U-Boot-Fahren gerade keine Lebensversicherung war, hatten wir auf der bösen Aprilfahrt zur Genüge gemerkt. So wurde man etwas frivol, und wir sprachen vom 19. April 1915 immer als von unserem „Todestag", freuten uns im übrigen aber des Lebens. Der Sommer kam, die Tage wurden wärmer und länger, und mit Ungeduld warteten wir auf neue Befehle.

Da erhielten wir im Juni einen höchst interessanten und ungewöhnlichen Auftrag.

„U 18" hatte schon im Herbst 1914 den Versuch gemacht, in Scapa Flow einzudringen, war aber von Bewachungsfahrzeugen aufgespürt, in die Enge getrieben und gerammt worden. Schließlich geriet es, was bei den Stromverhältnissen da oben kein Wunder war, unter Wasser auf Felsen und wurde beschädigt. Zu guter Letzt hatte das Boot noch innerhalb der englischen Bewachung auftauchen müssen. Um es nicht in Feindeshand fallen zu lassen, wurde es von der eigenen Besatzung gesprengt. Ein Teil der Besatzung kam um, der Rest geriet in englische Gefangenschaft, darunter auch der Kommandant von Hennig. Im Frühjahr 1915 gelang es ihm, aus seinem Gefangenenlager, nicht weit von Liverpool, durch Geheimschrift mit der Heimat in Verbindung zu treten. Er machte den Vorschlag, ihn durch ein U-Boot abholen zu lassen, und zwar bei Great Ormes Head, einem Landvorsprung an der Südseite der Irischen See, welcher nur etwa 30 Kilometer vom Lager entfernt war. Zur verabredeten Zeit, der Neumondnacht im Juni, wollte von Hennig versuchen, auszubrechen. Zur Sicherheit waren zwei Nächte vereinbart, und zwar der 12. und 13. Juni 1915. Schließlich konnte in der ersten Nacht irgendein unglücklicher Zufall die Flucht verhindern. So hatte man etwas mehr Spielraum für das Gelingen des Planes, von Hennig hatte viele für unsere Kriegführung wichtige Nachrichten, so daß seine Befreiung sich lohnte.

Am späten Nachmittag des 11. Juni waren wir dicht bei der Stelle, an der wir am 19. April hilflos in der Tiefe gegangen hatten. Aber das Meer war diesmal friedlich. Die schon tiefstehende Sonne sandte ihre Strahlen weit hinein in die wildzerklüfteten Fjorde der schottischen Westküste. In langer Dünung rollte der Ozean heran und brandete weißaufleuchtend in der Ferne an den vorgelagerten Klippen.

Bei Sonnenuntergang passierten wir „Rathlin Island" und rutschten einige Stunden später teils über, teils unter Wasser hinein in den von den Küsten Irlands und Schottlands eng umschlossenen Nordkanal. Das Wetter war inzwischen ideal geworden, wenig bewegte See und etwas Regen. Himmel und Wasser alles grau in grau.

Um Mitternacht kam die engste Stelle. Aus dem Grau wurde es schwarz um uns, aber doch nicht so dunkel, daß wir nicht sehen konnten, wie dicht neben uns verdächtige Bojen entlanghuschten. Die Engländer hatten hier angeblich neue Netze und Minen gelegt. Wir hielten das aber für einen Bluff, da die Stärke des Stromes und die großen Wassertiefen das Auslegen von Sperren an dieser Stelle nahezu unmöglich machten. In solcher Nacht verschwamm ein U-Boot vollkommen mit seiner Umgebung.

Im Morgengrauen hatten wir quer vor uns einen großen Überseedampfer, der aus dem Clyde herauskam. Schade, schade, daß wir nicht angreifen durften! Aber das Gelingen des Planes war von der völlig unbemerkten Annäherung an Great Ormes Head abhängig. So mußten wir also noch bremsen. Mit Hellwerden wurde die See spiegelglatt. Wir fuhren über Wasser in Sicht der Isle of Man, mitten in der Irischen See, und kein Engländer war zu sehen! Und das fast ein Jahr nach Kriegsausbruch!

Nachmittags kamen voraus die Umrisse von Land in Sicht. Wir tauchten und näherten uns unter Wässer vorsichtig der Küste. Aber es war noch zu früh, so lungerten wir bis zum Eintritt der Dunkelheit unter Kap Ormes Head herum, sahen uns die „Gegend" genau an und entwarfen unseren Plan. Mit von Hennig war verabredet, daß er Lichtsignale mit einer Taschenlampe geben sollte, sobald er an der Küste angekommen war. Wir wollten dann unser Dingi, ein Boot in der Westentasche von ein und einhalb Meter Länge, aussetzen und ihn abholen. Die Wiedersehensfreude malte sich jeder von uns schon in den grellsten Farben aus.

Nach Dunkelwerden tauchten wir dicht unter dem Leuchtturm von Great Ormes Head auf. Seine Lichtarme griffen weit über uns hinweg in die Nacht. Es war sehr dunkel und etwas diesig, also glänzende Bedingungen für unser Vorhaben. Lautlos glitten wir an der hohen Steilküste entlang, immer näher heran, um ja nicht auch nur den leisesten kleinen Funken oder Lichtschimmer in den Felsen zu übersehen.

Schließlich waren wir auf acht Meter Wasser. Näher durften wir nicht heran, wenn wir uns für alle Fälle noch eine Rückzugslinie in tiefes Wasser offenhalten wollten. Würde man bei acht Meter Wassertiefe tauchen, so würde der Turm nur gerade eben noch unter Wasser kommen. Wir hatten daher dreifache Ausguckposten und suchten mit den scharfen Gläsern jede Felsspalte ab, aber nichts regte sich.

Immer tiefer ging es in die Bucht hinein. Da tauchten plötzlich hinter Great Ormes Head aus dem Dunkel der Nacht Häuser und Lichtschein auf. Durchs Glas erkennen wir ein schönes altes Schloß, mit einigen Gebäuden drum herum, einem in der Nacht weiß schimmernden Tennisplatz dahinter. Im Speisesaal flammt Licht auf. Die beiden leuchtenden Augen eines Autos kriechen die Serpentinen zum Schloß hinauf. Aus dem Portal flutet Licht in die Nacht hinaus. Gestalten bewegen sich schattenhaft... Das alles zum Greifen nahe, einen Gewehrschuß entfernt!

Eine Stunde später, als wir wieder um einen Felsvorsprung fahren, prallen uns ganz nahe und grell rote und grüne Lichter wie Raubtieraugen entgegen. Sie entpuppen sich als die Hafenfeuer eines kleinen Fischerhafens und tun uns nichts. Mit Hellwerden wird die Suche aufgegeben. Da am Abend des 13. Juni der Versuch noch einmal wiederholt werden soll, legen wir uns erst einmal für zwölf Stunden in 38 Metern Tiefe auf den Grund der Irischen See, um tüchtig auszuschlafen.

Mittags 2 Uhr wird aufgestanden und etwas eingehendere Toilette gemacht als sonst. Dann gibt's ein Sonntagsdiner auf dem Grunde. Menü: Rosinensuppe und Rinderbraten. Das Grammophon spielt eine Beuteplatte: „There is a happy land, far, far away". Trotz knapper und schlechter Luft fühlen wir uns sonntäglich wohl. Gegen Abend kommen wir an die Oberfläche und suchen wieder die Felsen ab. Die Nacht ist noch dunkler als gestern. Aber auch diesmal wird kein Licht sichtbar, kein Laut oder Ruf hörbar. Als wir zum letzten Male im Morgengrauen unter dem 200 Meter über uns ragenden Leuchtturm hindurchfahren, stehen oben vor den großen Laternen die Silhouetten von vier Menschen, die die Arme am Geländer haben und hinunterstarren in die Tiefe. Hatte die Küstenwache doch etwas gesehen von uns? Was für ein langer Schatten schob sich da unten dicht an der Küste entlang? War da nicht ab und zu ein silbernes Aufleuchten gewesen, als wenn

Schrauben eines Fahrzeuges ein Kielwasser ziehen? Aber im gleichen Augenblick ist das Phantom verschwunden, verschlungen von der Nacht. Die Menschen um den Leuchtturm starren, reiben sich die Augen. Damned, die Germans hier in den heiligen, englischen Gewässern!

Enttäuscht geben wir gegen Morgen die letzte Hoffnung auf und ziehen unverrichteter Dinge wieder ab. von Hennig muß an seinem Vorhaben gehindert worden sein. Monate später erst erfuhren wir, daß die Flucht schon in der ersten Nacht nach dem Ausbruch aus dem Lager entdeckt worden war. von Hennig wurde wieder gefaßt und zu 45 Tagen Gefängnis verurteilt.

Wir arbeiteten in den nächsten Tagen mit verdoppelter Kraft in der Irischen See, wütend, weil wir keinen Erfolg mit der Abholung des Gefangenen gehabt hatten.

Im August erhielten wie eine neue Aufgabe. Diesmal ging es nach den Lofoten, weit hinauf über den nördlichen Polarkreis. Gerade diese Fahrt bewies schlagend, daß bei einer richtigen und zielbewußten Anlage einer Unternehmung und überraschendem Auftreten der Erfolg nicht ausblieb.

Eine ganze Woche fuhren wir an der norwegischen Küste entlang. Wind, frischer Wind aus Ost. Helle und durchsichtige Luft. Lange Tage. Nordwärts! Allmählich schiebt sich das Land näher heran, und eine Inselgruppe taucht aus der See. Im weißen Licht der Mitternachtssonne schimmert zur Rechten der Gletscher Svartisen. Vorne als Kulisse im tiefen Schatten eine steile schwarze Felsküste. Ruhig und gleichmäßig atmet der Ozean. Wie ferne Musik klingt sein Rauschen, wenn sich die Wögen an den Klippen brechen und weit hinten in den dunklen Buchten und Fjorden verlieren. Tiefster Friede. Auch der Wind schweigt und trägt nur schwach den klagenden Schrei einer Möwe an unser Ohr. Nichts stört die Majestät der Natur, dieses Bild einer fast überirdischen Schönheit und Stille.

Stunden vergehen, und das Land vor uns im Norden kommt höher heraus.

„Da ist irgend etwas unter den Inseln", meint der Unteroffizier der Wache, „ein Punkt, jetzt gerade unter der zweiten Bergspitze von links", und ein dicker Lederarm schiebt sich vor mein Gesicht und zeigt mit ausgestrecktem Finger nach vorne.

Alle Gläser flitzen hoch. Der „Gegenstand" wird genauer untersucht. Jetzt sehen wir auch schon etwas Rauch, wie ein feiner Schleier.

„Ein Fischdampfer", meint ein Matrose. Ich habe den Punkt inzwischen auch in meinem Glas, mir scheint das nicht; eher sieht es aus wie zwei mittelgroße Dampfer. Im gleichen Augenblick schmilzt das „Etwas" durch die Strahlenbrechung wieder in eins zusammen.

„Ein großer Dampfer mit zwei Schornsteinen", sagt ein anderer, „ich sehe es ganz deutlich". Aber ehe ich das Glas noch einmal ansetzen kann, zieht sich alles wieder zu einem Pünktchen zusammen und verschwindet dann ganz.

Es ist zwei Uhr nachts und fast so hell wie am Tage. Leise fängt das Herz zu klopfen an. Die Inseln vor uns waren die Lofoten. Sollte „er" schon da sein, gleich am ersten Abend unserer Ankunft hier oben, der Engländer, den wir „abholen" sollten? Schon monatelang waren immer wieder Nachrichten gekommen, daß ein englischer Hilfskreuzer bei den Lofoten operierte und die deutsche, von Narwik kommende Erzschiffahrt störte. Diesem Treiben sollten wir ein Ende machen und das Schiff angreifen und versenken.

Plötzlich erscheint der Punkt wieder und wird nun schnell sichtbar und größer. Wir tauchen schleunigst, damit nicht etwa die Strahlenbrechung auch uns vorzeitig verrät und dem Gegner ein „riesenhaftes graues U-Boot" über den Horizont zaubert.

Wir erkennen allmählich wirklich einen großen englischen Hilfskreuzer mit zwei Masten und zwei Schornsteinen. Das war großer Dusel, daß der uns gleich in die Arme lief! Fast bis auf 3000 Meter kommen wir heran. Dann ändert das Schiff doch wieder seinen Kurs und ist schnell im Innern des Vestfjords verschwunden.

Also Geduld und warten!

Bald ist auch der letzte Rauchfetzen verweht. Wir tauchen wieder auf und folgen, vorsichtig und gespannt Ausguck haltend, in den Fjord. Über uns ragen die zackigen Berge der Lofoten in den klaren Nordhimmel. Schneefelder ziehen sich bis tief hinunter.

Lange vorm Kriege fuhren wir einmal mit einem ganzen Geschwader von Linienschiffen in den Sognefjord. Wie Spielzeuge wirkten sie unter den übermächtigen norwegischen Fjordwänden. Aber ein U-Boot wurde hier oben geradezu zum Nichts, erdrückt von den gigantischen Formen der Natur. Wie Riesen umstanden die Schroffen der Lofoten den Fjord und sahen weit über uns hinweg ins Nordmeer hinaus.

Endlich um 3 Uhr nachmittags kommt wieder etwas in Sicht. Bei der sehr klaren Luft und der übergroßen Sichtigkeit in diesen hohen Breiten sind wir vorsichtig genug, schon beim ersten Erkennen der

Mastspitzen sofort mit „Alarm" zu tauchen. Wir hängen mit dem „Auge" eben über der See und sehen das Schiff langsam näher kommen. Bald erkennen wir, daß „er" wieder da ist, freudig läuft die Nachricht durchs Boot. Hoffentlich glückt es diesmal!

Aus den Befehlen, die vom Turm kommen, kann man sich ungefähr ein Bild machen, was oben geschieht. Maschinen- und Ruderkommandos wechseln häufig. Danach scheint also der Hilfskreuzer seinen Kurs öfter zu ändern. Schon wird das Torpedorohr bewässert, endlich scheinen wir dran zu sein. Unsere Maschinen gehen ihre Höchstleistung. Doch nach wenigen Minuten fällt der Maschinentelegraph wieder auf kleine Fahrt zurück. Noch einmal zieht der Gegner auf 2000 Meter vorne vorbei. Wir müssen uns gedulden und eine sichere Schußgelegenheit abwarten.

Der Engländer hält inzwischen einen in den Fjord einlaufenden Dampfer an, untersucht seine Papiere und kommt dann wieder in größere Nähe. Plötzlich ändert er erneut Kurs, und zwar genau auf die Stelle, auf welcher wir abwartend lauern. Jetzt ist Gelegenheit! Die letzten Befehle ergehen, die Entfernung verringert sich schnell. Auf 1100 Meter fällt unser Schuß. Sekunden vergehen. Der Torpedo hat im Anfang seiner Laufbahn zweimal die Oberfläche durchbrochen, wie der Kommandant durchs Sehrohr sehen kann, doch läuft dann gut. Nach etwa einer Minute läßt eine dumpfe Detonation das Boot erzittern. „Treffer im Achterschiff, der Feind sinkt schnell", kommt die Nachricht durchs Sprachrohr.

Der Kommandant läßt mich einen Blick durch das Sehrohr tun. Das Schiff sinkt so rapide, daß kaum noch die Boote zu Wasser kommen. Nach vier Minuten ist das ganze Achterschiff schon unter Wasser. Nach weiteren drei Minuten verschwinden die Mastspitzen in der See, nachdem das ganze mächtige Schiff sich noch einmal hoch aus dem Wasser gebäumt hat. Unzählige Trümmer, Bojen, dicht mit Leuten besetzte Boote treiben auf der Untergangsstelle. Bei der Schnelligkeit der Katastrophe werden viele mit hinabgezogen sein.

Wir laufen unter Wasser auf 20 Meter ab und kehren nach etwa zwei Stunden an die Wrackstelle zurück, um Bojen oder andere Wrackstücke aufzufischen, die uns den Namen des Schiffes verraten, den wir noch nicht einmal wissen. Als wir uns nähern, sehen wir noch die Boote herumtreiben, außerdem ist ein norwegischer und ein bewaffneter englischer Fischdampfer dazwischen, die die Überlebenden aufnehmen. Wir geben daher unser Vorhaben auf und laufen unter Wasser wieder ab.

Nach der Rückkehr erfuhren wir, daß das vernichtete Schiff der englische Hilfskreuzer „India" (1896, 7940 Br.R.T., 340 Mann Besatzung, P. &; O.-Linie) gewesen war. 160 Mann waren umgekommen. Das Schiff sank nahe der Insel Engelvär auf 240 Meter Wassertiefe.

Dann zogen wir weiter an der Außenseite der Lofoten entlang nach Norden, ins Eismeer hinaus, dahin, wo die Sonne über dem Meere nicht mehr unterging. Hier oben wurde es ganz einsam. Einmal trafen wir einen englischen Dampfer, der den Russen in Archangelsk Zufuhren bringen wollte. Wir versenkten ihn und waren wieder allein. Allein mit Himmel und Wasser und der Mitternachtssonne, die mit bleicher Hand über die Wellen strich.

Auf Wache ging der Blick in weite Fernen. Irgendwo in Nordwesten von uns mußte die Insel Jan Mayen liegen. Schon ihr Name klingt wie ferne Musik. Dann einige Tagereisen weiter die schneebedeckten Küsten Grönlands. Und im Norden, weiter hinauf, die Grenze des ewigen Eises.

Hier war das Jagdrevier meiner Vorfahren gewesen, die von der Weser ausgefahren waren, um im Eismeer Walfisch- und Robbenfang zu betreiben. Noch mein Großvater hatte hier mit seinem Schiff „Hannover" gekreuzt und mit eigener Hand die Wale harpuniert. Als Kinder, entsann ich mich, hatten wir noch mit unseren Händen in einem zottigen Eisbärfell gespielt, das vor dem Schreibtisch meines Vaters lag, ein letztes Zeichen eines harten und entbehrungsreichen, aber lebensvollen Kampfes ums Dasein.

Es war „heimlich" für mich hier oben in der Wasserwüste des Nordmeeres, und meine Gedanken gingen Jahrhunderte zurück in die große Segelschiffszeit. Ich sah die wetterharten Gesichter der Kapitäne, hörte ihre Kommandos über das Deck hallen, die Masten knarren und die Segel schlagen...

Dann kam wieder die Wirklichkeit. Eine Welle von Öldunst schlug aus dem Turmluk herauf. Wir waren auf einem Unterseeboot, auf dem ersten Unterseeboot, das die deutsche Flagge ins Eismeer trug.

Die Welt des Unterseebootes

Die beinahe faustgroßen Nietköpfe, die innen und außen wie ein Band um das Oval des Turmes laufen, haben meine Gedanken immer besonders beschäftigt. Sie waren das erste, was ich sah, wenn ich nach der Hafenzeit wieder auf mein Boot zurückkehrte, und hafteten im Bewußtsein wie das Tapetenmuster eines Zimmers, in welchem regelmäßig wiederkehrend nur sehr ernste und lebenswichtige Dinge verhandelt werden. Sie wankten und wichen nicht, wenn Wasserbomben draußen krachten, und waren ein Bild von Trotz und Kraft. Aber ich muß ehrlich sagen, daß gerade ihre Stärke zuerst etwas Unsympathisches hatte. Sie drängten sich zu dicht an uns und umschlossen uns zu deutlich mit ihren eisernen Klammern. Da gab es keinen Widerstand und kein Entweichen. Der Soldat denkt nicht an den Tod, aber wenn man sozusagen schon vorher ganz genau weiß, wo er einmal kommen wird, sieht man sich diesen Platz doch immer wieder mit etwas scheuer Neugierde an. So ging es mir auch mit den Nietköpfen, zwischen denen in rostigen Rinnsalen das Wasser herunterlief an den Wänden.

Mit der Zeit wurde das anders. Schon zu oft hatten sie jeder Gewalt standgehalten und ihre Treue erwiesen. Und wie um den Turm, so liefen die Nieten auch um den Druckkörper, um die Tauchtanks und überhaupt um das ganze Boot, in welchem wir lebten und kämpften. Die Scheu wich einem tiefen und festen Vertrauen in dies wunderbare Instrument, in unsern Stahlfisch, welcher uns nun schon so lange durch alle Gefahren sicher getragen hatte. Es war fast wie Sehnsucht, was wir empfanden, wenn wir diese Welt länger hatten entbehren müssen, die Welt des Unterseebootes, von welcher bei allen Schrecken doch immer wieder von neuem eine rätselhafte Anziehungskraft ausging. Wir lernten ganz von selbst uns wohl und geborgen in unserer „Röhre" zu finden und verwuchsen mit ihr zu einem lebendigen Wesen. Wir dachten nicht mehr an den letzten Augenblick, an den U-Boots-Tod in den Tiefen des Meeres, welchen niemand beschreiben kann. Kampf war die Welt, in der wir lebten, Kampf gegen den Feind, gegen das Meer und gegen die dunklen Mächte der Tiefe.

Aber sie hat auch ihre Geheimnisse, diese Welt, welche man kennen muß, um in ihr leben zu können. Auf den ersten Blick scheint das U-Boot etwas Menschenfeindliches, etwas Unfaßbares und Phantastisches zu sein. Worin liegt dies Geheimnis? Wie kommt es, daß ein U-Boot tauchen kann? Und wie ist es möglich, daß es nicht versinkt, daß es unter Wasser schwimmt wie ein Fisch und wieder an die Oberfläche kommt, wann es will?

Es ist gar nicht so schwer, dieses technische Rätsel zu lösen. Ein U-Boot hat zwei Hüllen: Eine innere runde, aus Nickelstahl, den Druckkörper. Er muß stark sein und den Druck des Wassers auch in größeren Tiefen auf sich nehmen. Innerhalb des Druckkörpers befinden sich alle wertvollen Teile, alle Maschinen, überhaupt alle Dinge, welche mit Wasser nicht in Berührung kommen dürfen, also auch die Besatzung.

Die äußere Hülle besteht aus „Blech", gibt dem Boot über Wasser eine schiffsmäßige Gestalt und ein Deck, auf welchem man gehen kann. Vor allem aber nimmt sie einen wertvollen Teil des Bootes, die Tauchtanks, in sich auf, welche bei Überwasserfahrt leer sind. Läßt man sie voll Wasser, so sinkt das Boot unter die Oberfläche und würde nun immer weiter sinken, wenn man es nicht durch die Kraft der Maschinen und Schrauben fortbewegte und durch die Stellung der vorn und hinten am Boot wie Flossen angebrachten Tiefenruder in dynamischem Gleichgewicht erhielte. Um das Boot richtig „auswiegen" zu können, ist innen im Druckkörper ein großer Tank, der Reglertank, eingebaut. In ihn kann Wasser von außenbords eingelassen oder durch eine Pumpe aus dem Tank herausgedrückt werden, je nachdem das Boot leichter oder schwerer werden, unter Wasser steigen oder sinken soll.

Die Tauchtanks haben an ihrer untersten Stelle eine große Klappe, die Tauchklappe, und ganz oben ein Luftrohr, den Luftdom. Beides kann vom Innern des Druckkörpers aus geöffnet und geschlossen werden. Solange das Luftrohr geschlossen ist, kann kein Wasser in die Tauchtanks eindringen. Sowie aber der Luftdom geöffnet wird, drängt das Wässer mit Gewalt die Luft heraus. Zischend entweicht sie, und die Tauchtanks füllen sich innerhalb 20 bis 30 Sekunden voll Wasser. Das Boot verliert seinen Auftrieb und sinkt unter die Oberfläche. Die Maschinen gehen an, das vordere Tiefenruder wird nach unten und das hintere nach oben gelegt. Das Boot taucht unter die Oberfläche. Soll es wieder nach oben kommen, so werden die Tiefenruder umgekehrt gelegt. Mit Preßluft werden die Tauchtanks etwas „angeblasen", damit das Boot höher aus dem Wasser kommt. Dann saugt ein starkes Turbogebläse von außen Luft an und preßt das Wasser aus den Tauchtanks heraus. Das Boot schwimmt wieder auf der Oberfläche.

Die „Preßluft" (komprimierte Luft) wird in starken Stahlflaschen, welche einen Druck von 160 Atmosphären aushalten, mitgeführt. Sie ist gleichzeitig die letzte Rettung für das Boot, wenn es aus irgendwelchen Gründen nicht wieder an die Oberfläche kommen kann. Theoretisch müßte ein U-Boot durch die Preßluft auch aus größeren Tiefen wieder gehoben werden können. Praktisch ist das niemals ausprobiert. In Tiefen über 100 Meter zu gehen, war schon etwas gefährlich. Es fing an zu „knacken", und in 200 Meter Tiefe oder mehr drückt der Wasserdruck den ganzen Stahlkörper wie ein Kartenhaus zusammen.

Nun muß man nur noch wissen, daß ein U-Boot über Wasser mit Dieselmotoren, unter Wasser aber mit elektrischen Maschinen fährt. Die letzteren brauchen keine Luft, sondern nur elektrische Kraft, welche in einer im Druckkörper befindlichen Batterie aufgespeichert und jedesmal, wenn das U-Boot an der Oberfläche ist, wieder neu durch die Überwassermotoren aufgeladen wird. Die Dieselmotoren brauchen Öl, dieses wird in Tanks mitgeführt, welche außen am Boot zwischen den Tauchtanks liegen. Vor allem aber auch Luft. Dafür ist ein Luftmast da, welcher geöffnet wird, sobald das Boot an die Oberfläche kommt.

Das ist das ganze Geheimnis!

Das Boot muß aber auch angreifen können. Dafür hat es Torpedorohre vorn und achtern, aus welchen die Torpedos abgeschossen werden, selbst wieder 7 Meter lange kleine „U-Boote", mit Schrauben, Tiefenrudern und einer komplizierten Maschinerie. Dann sind noch zwei Kanonen auf dem Deck. Damit diese beim Tauchen nicht anrosten, werden sie dick mit Talg und Fett eingeschmiert und haben vorne in der Mündung des Rohres einen Pfropfen, damit kein Wasser in die „Seele" kommt.

Zwei Dinge sind es, welche man unter Wasser zuerst und auf alle Fälle braucht, Elektrizität und Luft.

Die erste für die elektrischen Maschinen. Wenn sie ganz langsam liefen, konnte das Boot ungefähr 20 Stunden unter Wasser bleiben. Fuhr das Boot „äußerste Kraft" unter Wasser, reichte der Batteriestrom kaum für eine Stunde. Dann mußten wir auftauchen, wenn wir uns nicht auf den Grund legen wollten. Die Akkumulatorenbatterie gab ferner den Strom her für Licht, Heizung (sogar das gab es auf modernen Booten), die Kombüse, die Pumpen und eine Menge anderer Maschinen. Die Elektrizität war das Blut des U-Bootes. Sie kreiste durch alle die zahllosen dicken und dünnen Kabel und erhielt das Boot am Leben.

Luft brauchte die Besatzung zum Atmen. Da der Druckkörper unter Wasser ganz nach außen abgeschlossen ist, kam keine Luft hinein- und keine verbrauchte hinaus. Reichlich 40 Mann Besatzung hat ein großes U-Boot. Diese Menschen verbrauchen zunächst das Quantum Frischluft, welches noch im Bootskörper von der letzten Überwasserfahrt her vorhanden ist, daher wurde über Wasser immer gut durchgelüftet. Das reicht etwa für 6 bis 8 Stunden, ohne daß merkbare Beschwerden eintreten. Die verbrauchte ausgeatmete Luft wird von Kalipatronen aufgenommen und so gut es geht gereinigt. Wird das Atmen schwerer, kann die Lufterneuerung angestellt werden, d. h. die im Boot mitgebrachten Sauerstoffflaschen werden aufgedreht und nach einer Kontrolluhr strömt Sauerstoff frei ins Boot. Aber auch hiermit ist nur eine beschränkte Lebensmöglichkeit gegeben, da erstens nicht beliebig viel Sauerstoff mitgenommen werden kann und zweitens das Reinigen der verbrauchten Luft doch nur unvollkommen ist. Nach 15 Stunden etwa fängt es an, ungemütlich zu werden. Die Lunge arbeitet schwer, und eine große Müdigkeit befällt den Menschen. Man wird gleichgültig und muß alle Energie zusammenraffen, um wach und aufmerksam zu bleiben.

Wir U-Boots-Fahrer führten ein richtiges Doppelleben. Der Überwassermensch lag bei schönem Wetter (was allerdings im Nordatlantik sehr selten war) an Deck und aalte sich in der Sonne. Er saß auf der Kante des Turmluks, baumelte mit den Beinen nach unten und rauchte eine dicke Zigarre. Er hatte Luft und Licht und sah die Wolken ziehen. Fern am Horizont Inseln und Berge. Dann kam der Sturm, und die Wellenberge wälzten sich gurgelnd über den Turm. Ölzeug und Südwester, festgebunden am Turm tagelang... Sturm und Hagel, Hagel und Sturm. Dann abflauen, eine Rauchwolke, ein Schiff!

Donnernd greift das Geschütz weit über die See. Das Schiff wird verlassen, wird gesprengt, sinkt. Wieder freie See. Vorwärts! An die Küste. Nebel! Scharfe Augen durchdringen die Schleier. Da, ein Leuchtturm, Brandung, Klippen. Durchbruch bei Nacht durch schmale Felsenstraßen. Ein Schatten im Nebel. Ganz schlank, nahe!

Alarm!!! — Alarm!!! — schreit die Glocke —.

Rauschen, zischen, gurgeln, sinken und — Stille.

Der Unterwassermensch horcht und fühlt mit den Fußspitzen. Er sieht nach innen und wird still und nachdenklich. Noch 20, 30 Meter tief überträgt sich bei schwerer See die Bewegung des Wassers.

Ganz leicht und schwerfällig schlingert das Boot wie ein viel zu langsames Pendel. Bei 40 Meter wird es still. Berge von Wasser lasten über uns, wie ein Kirchturm so hoch. Bald kommt ein wunderbares Gefühl des Geborgenseins, tief unten in unserm Element. Es ist so etwas wie Feierabendstimmung über allem. Man wäscht und rasiert sich, spielt Karten und Grammophon. Es wird zum Essen richtig „gedeckt". Ein Garn wird gesponnen von allerhand Unterseegeschichten. „Denn wir fahren gegen Engelland" — quäkt es durch die Stille. Bald liegt alles in tiefem Schlaf.

Auch das U-Boot hat eine Seele. Es ist gar nicht aus Stahl, mehr ein Wesen von Fleisch und Blut, welches gehorsam und verständnisvoll auf jeden Wink und Fingerdruck reagiert. Wie oft hast du deine Männer in sichere Tiefen geführt, wenn in dunkler Nacht ein Zerstörer heranbrauste! Du treues, braves Boot! Wieviel Tausende von Seemeilen sind wir durch die Tiefen der Ozeane, geschützt von deinen starken Stahlwänden, gefahren! Welche Welt der Wunder hast du uns aufgetan! Deine Leute lieben dich, wenn sie deine Seele erst richtig erkannt haben. Sie werden eins mit dir, die deutschen Männer, die sich jede Minute Leben und Freiheit gegen einen unsichtbaren Feind neu erkämpfen mußten.

Oben war einer, der führte, der sehen konnte, der Kommandant, dem man fest vertrauen mußte. In jeder Lage war Gefahr. Zerstörer, U-Boot-Jäger, Minen, Wasserbomben, Sperren, Netze, Geschütze, Torpedos und die Gefahr in sich selbst, die Abhängigkeit von der Leistungsfähigkeit der Maschinen, von der „technischen Treue des Bootes, seiner Besatzung und seiner Erbauer". Von diesen Männern im U-Boot wurde ein Höchstmaß von Mut und Selbstverleugnung verlangt, ein eiserner Wille zur Pflicht, zur Besonnenheit. Nur mit ganzer Energie konnte dieser Dienst jahrelang getan werden. Der englische Dichter Ruskin sagt einmal etwas sehr Schönes über diejenigen Elemente, aus denen man ein Linienschiff bauen sollte. Er hat noch keine U-Boote gekannt und wußte nicht, wie sehr seine Gedanken gerade für dieses seltsame Schiff passen:

„Man baue soviel als möglich hinein von menschlicher Geduld, Menschenverstand, Voraussicht und experimenteller Philosophie, von Selbstkontrolle, Ordnung und Gehorsam, sorgsam durchdachter Arbeit und Abwehr brutaler Elemente, von sorglosem Mut, lebendigem Patriotismus und von stiller Erwartung des göttlichen Urteils, soviel als hineingeht in einen Raum von 70 Meter Länge und 6 Meter Breite..."

Die Welt des Unterseebootes ist schön und schrecklich, still und stürmisch, Leben und Tod. Sie ist voll von Seltsamkeiten und Wundern, von Phantasie und Abenteuern. Sie zwingt ihre Bewohner zu tausend lächerlichen Unbequemlichkeiten und Ungewöhnlichkeiten. Irgendwo und in irgend etwas lauert immer die Tücke des Objektes, der toten Materie, die erst der Menschengeist belebt und regiert. Sie ist eine eigene Welt für sich, ohne Parallele, einsam und unsichtbar und doch immer voller Gefahren. Auch die Welt des U-Bootes war tot ohne die Treue, ohne den Glauben und ohne das feste Vertrauen in die Gerechtigkeit der eigenen Sache.

Kampf gegen Blockadebrecher

Der 20. Februar 1916 war ein großer Tag für mich. Auf der Werft von Blohm & Voß in Hamburg stellte ich mein erstes eigenes U-Boot in Dienst, „S. M. UB 21". Stolz wehten Flagge und Wimpel über der winterlichen Elbe. Verglichen mit dem großen „U 22" war mein Boot zwar nur ein Zwerg, aber es konnte vier Torpedos mitnehmen, hatte 23 Mann Besatzung und sogar eine kleine Kanone! Es war mit seinen acht Seemeilen stündlicher Geschwindigkeit auch gerade kein Rennboot, aber es tauchte dafür erstaunlich schnell. Man brauchte sozusagen nur auf den Knopf zu drücken, dann war es schon verschwunden. Bei Alarm mußte man höllisch aufpassen, um den Anschluß beim Einsteigen in das Turmluk nicht zu verpassen.

Im Frühjahr 1916 sah es sehr trübe aus mit dem U-Boots-Krieg. Die Vernichtung der „Sussex" im März 1916 hatte neuen Notenwechsel mit Amerika zur Folge. Deutschland versprach, den U-Boots-Krieg nur noch nach der Prisenordnung zu führen, was einem Verzicht gleichkam. So konnte auch ich den Sommer über nicht viele Lorbeeren sammeln. Unser Tätigkeitsgebiet war die nördliche Nordsee und die englische Ostküste. Schießerlaubnis hatten wir nur auf Kriegsfahrzeuge, und die zeigten sich nicht in freier See.

Endlich im Herbst 1916, nachdem wir schon fünf fast vergebliche Fernfahrten auf „UB 21" hinter uns hatten, wurden wir wieder mehr von der Leine gelassen. Nichts beweist schlagender, wie selbst noch im Herbst 1916 ein klug und energisch geführter U-Boots-Krieg hätte wirken können, als der Bericht, welchen ich nach meiner Rückkehr von meiner Oktoberfahrt 1916 dem Befehlshaber der U-Boote einreichte:

„Kriegsschiffe wurden nicht gesichtet.

Zurückgelegt wurden in 17 Tagen im ganzen 1452 Seemeilen (etwa 2500 Kilometer), davon 371 Seemeilen unter Wasser (etwa 600 Kilometer). Von den 17 Tagen, an welchen das Boot in See war, herrschte an elf Tagen so schlechtes Wetter, daß keine Angriffstätigkeit möglich war. An fünf Tagen konnte der befohlene Handelskrieg nach Prisenordnung geführt werden. Insgesamt wurden 20 Schiffe in dieser Zeit angehalten und untersucht. Davon wurden versenkt:

1. Norw. Bark „Randi", 467 Br.R.T., Grubenholz, 20. Oktober 1916,
2. Schwed. Bark „Svartvik", 322 Br.R.T., Grubenholz, 20. Oktober 1916,
3. Schwed. Schoner „Lekna", 204 Br.R.T., Grubenholz, 20. Oktober 1916,
4. Norw. Dampfer „Grönhaug", 437 Br.R.T., Stahlbarren, 21. Oktober 1916,
5. Norw. Motorschiff „Thor", 214 Br.R.T., Chemikalien, 22. Oktober 1916,
6. Dän. Schoner „London", 184 Br.R.T., Grubenholz, 22. Oktober 1916.
7. Am 21. Oktober wurde der norw. Holzdampfer „Fritzoe" als Prise nach Cuxhaven gesandt.

Untersucht und als „einwandfrei" entlassen wurden:

8. Dän. Schoner „Ingeborg"
9. Dän. Dampfer „Georg"
10. Dän. Dampfer „Olga"
11. Dän. Dampfer „Hebe"
12. Norw. Dampfer „Sterling"
13. Norw. Dampfer „Bruno"
14. Schwed. Dampfer „Maria"

mit Holz, Papier oder Lebensmitteln auf der Fahrt nach England!

15. Dän. Dampfer „Hekla"
16. Norw. Dampfer „Skald"
17. Norw. Dampfer „Losna"

mit Kohlen von England!

18. Norw. Segler „Livlik" i. Ballast,
19. Norw. Vollschiff „Najade" i. Ballast,
20. Schwed. Motorschiff „Bälde", Kohlen von England.

Diese Liste spricht für sich selbst und beweist, welch reichen Ertrag ein energisch geführter U-Boots-Krieg schon in fünf Tagen gebracht hätte!

Am 20. Oktober mittags rief die Wache von der Brücke aus ins Turmluk: „Segler in Sicht".

Durchs Glas war das an Deck hochgestapelte Grubenholz schon von weitem erkennbar. Also Bannware, denn Grubenholz brauchten die Engländer dringend für ihre Bergwerke, in welchen die für die Kriegführung so wertvollen Rohstoffe gewonnen wurden.

Das Schiff war die norwegische Bark „Randi" (467 Br.R.T.) von Bervik mit Grubenholz nach Westhartlepool. Die Besatzung erhielt Zeit zum Verlassen des Schiffes. Dann wurde die „Randi" gesprengt und, da dies nicht genug wirkte, mit Petroleum übergossen und in Brand gesteckt. Der Steuermann des Schiffes erzählte mir, daß ihm dies Schicksal nichts Neues wäre. Er müßte während dieses Krieges schon zum dritten Male „umsteigen". Gegen Abend untersuchten wir den Schweden „Baltic", der mit Kohlen aus England nach Schweden fuhr und daher freigelassen werden mußte.

Inzwischen war die Nacht hereingebrochen. Die See hatte sich ziemlich beruhigt. Der Wind war auf Osten umgesprungen. Das versprach gutes Wetter. Ein herbstlich klarer Sternenhimmel wölbte sich über der dunklen See.

Da die in hellen Flammen stehende „Randi" unseren Standort der Bewachung verraten mußte und in letzter Dämmerung auch schon zwei Bewacher am Horizont zu sehen waren, zogen wir uns nach See zu zurück.

Gegen zehn Uhr abends kamen die grünen Seitenlichter zweier entgegenkommender Fahrzeuge voraus in Sicht. Bald konnte man sie an der über den Lichtern verschwommen in die Nacht ragenden dunklen Masse als Segler ausmachen. Eine Untersuchung in stockdunkler Nacht war gefährlich, da ich über die Natur der Fahrzeuge, ob Feind, Neutraler oder U-Boots-Falle usw., ganz im unklaren war. Verschob ich die Untersuchung aber, bis es hell wurde, konnten die beiden Segler bei dem frischen Ostwinde schon so nahe an die englische Ostküste gekommen sein, daß feindliche Gegenwirkung die Vernichtung unmöglich machte. Also galt es zu handeln.

Im Dunkel der Nacht schoben wir uns von hinten an den letzten Segler heran. Hinter der Kimm war der Brand auf „Randi" zuckend im Verlöschen und warf noch einen rötlichen Schimmer in die Nacht. Die beiden Segler glaubten wohl schon die Küstenfeuer vor sich zu haben. Bald war die kostbare Bannware in Sicherheit und die Extraprämie des Reeders in der Tasche!

Plötzlich fällt der grelle Strahl unseres Scheinwerfers auf Deck und Takelage. Tastend gleitet er vom Namen am Heck zum Rudersmann, zur hoch an Deck aufgestapelten Ladung. Grubenholz! An Deck wildes Durcheinander, die Leute stürzen zu den Booten. Ich rufe ihnen zu: „Send a boat with yours papers." Der Kapitän scheint seine Leute wieder zur Ordnung zu bringen. Das

Schiff dreht bei. Knallend schlagen die dunklen Segel an Masten und Rahen. Ein Boot löst sich und bringt die Papiere. Schwedischer Schoner „Lekna" (204 Br.R.T.), von Mandal mit Grubenholz nach Sunderland. Die Besatzung verläßt das Schiff. Eine Brandbombe wird ins achtere Logis geworfen. Bald steigt eine riesige Fackel neben uns auf.

Der zweite Segler scheint inzwischen „Lunte gerochen zu haben". Als wir bei ihm ankommen, treibt das Schiff von der Besatzung verlassen. Auch hier Grubenholz. Da kein Boot zur Verfügung steht, lege ich mit „ÜB 21" direkt in Luv bei dem treibenden Schiff an, um meinen Prisenoffizier, Leutnant zur See Illing, zur Untersuchung und zum Legen der Brandbomben abzusetzen. Das seemännisch schwierige Manöver gelingt, ich lege wieder ab, um mein Boot nicht zu gefährden. Nach einiger Zeit taucht Illing wieder auf und gibt mir ein Zeichen: „Alles klar". Ich bin schon unmittelbar am Schiff dran und Illing bereit zum Springen, als eine See uns trennt.

Es folgen jetzt erregte Momente. Illing hatte inzwischen den Brand gelegt, der sich nun mächtig zu entwickeln beginnt. Feuer und Rauch schlagen hoch empor. Im unsicheren Licht sehe ich meinen Prisenoffizier nach achtern laufen, auch hier brennt's schon. Er kämpft sich durch, schwingt sich über die Heckreling und hatte wohl die Absicht, sich an den leeren Bootstaillen herunterzulassen. Ich sah ihn nur noch über der Reling im Feuerschein, dann einen dunklen Körper mit lautem Aufklatsch in der See verschwinden. Da ich wußte, daß er Lederzeug und schwere Stiefel anhatte, mußte hier schnell gehandelt werden. Ich verzichtete auf ein glattes Anlegemanöver und fuhr dem brennenden Segler dicht neben der Stelle, an welcher Illing verschwunden war, hinten in den Spiegel. Krachend berstet das Holz, aber der Zweck, daß der scharfe Bug von „UB 21" sich nur einen Augenblick festhalten soll zwischen den zersplitterten Planken, um Illing retten zu können, wird erreicht. Mit glühendem Atem lodern Rauch und Flammen über uns hinweg. Plötzlich taucht Illing etwa zehn Meter von uns wieder für einen Augenblick auf. Ein Matrose wirft ihm sehr geschickt eine Rettungsboje an einer Leine zu, und wir ziehen ihn schnell an Bord. Donnerwetter, jetzt wurde es aber Zeit, wenn wir selbst nicht mit verbrennen wollten. Gut, daß ein U-Boot nicht aus Holz ist, aber die Menschen waren schließlich „brennbar"! „Äußerste Kraft zurück!!" Aber unser Opfer läßt uns nicht los. In der Aufregung hatte niemand bemerkt, daß eine von den hinten an dem Segler leer herumschlagenden Bootstaillen sich um unseren über das ganze

Boot laufenden Stahlstander gehakt hat. Heiß beißen die Flammen, und erstickend ist der Rauch, die Maschinen zerren mit aller Gewalt das Boot zurück. Plötzlich merken wir, wie es sich immer mehr nach Backbord überlegt. Da sehen wir erst das zum Brechen gespannte Tau, den Haken, im gleichen Augenblick zerspringt die Fessel. Mit einem Ruck richtet sich das Boot auf, und wir sind frei!

Unmittelbar darauf meldet mir der Steuermann — ich selbst hatte meine ganze Aufmerksamkeit der Rettung Illings widmen müssen —: „Zwei Bewacher nähern sich schnell." Alarm!!

Alles stürzt ins Turmluk. Ich selbst steige als letzter ein und werfe noch schnell einen Blick über das grandiose Bild. Die brennenden Segler, wie Riesenfackeln aus der See, dazwischen die Schiffsboote, die dunklen Schatten der heranschießenden Bewacher, weiße und rote Sternsignale der Bootsbesatzungen, darüber der weite Herbsthimmel, eine leuchtende Sternschnuppe im Norden...

Menschenköder

Niemals sind List und Verschlagenheit, Verstellung, Lockmittel und Täuschungsmanöver so raffiniert und systematisch angewandt worden wie im Kampf gegen die deutschen U-Boote. Die Akteure in diesem hinterhältigen Spiel waren die U-Boots-Fallen, welche, als harmlose Handelsschiffe frisiert, unsere U-Boote anlocken sollten, um sie aus nächster Nähe zu vernichten.

Zu Hunderten meldeten sich in England freiwillig abenteuerlustige Seeleute, welche dabei sein wollten, wenn der „Hunne" ins Garn ging.

Das war endlich mal eine vernünftige Idee! Hier gab es die in England so beliebten „sporting chances of the game"!

Warum war eigentlich die Admiralität nicht schon längst auf den Gedanken gekommen, die U-Boote bei ihrer eigentlichen Tätigkeit zu überraschen und durch List zu vernichten, nämlich dann, wenn sie beim Anhalten von Handelsschiffen über Wasser operierten und leicht verletzlich waren? Anstatt dessen versuchte man ihnen mit Minen beizukommen, oder man jagte ihnen Zerstörer auf die Fersen durch die Nacht, ohne sie zu finden.

Nein, diese „mystery ships", diese „geheimnisvollen Schiffe" oder „Q"-Boote, das war das richtige, der Deutsche würde schon darauf reinfallen, auf diesen großen Bluff! Dieses „game" mußte man spielen und gewinnen!

So ging man in allergrößter Heimlichkeit an die Ausrüstung von „Spezialschiffen", versah sie mit versteckten Geschützen, baute Torpedorohre ein, gab ihnen Wasserbomben mit und bemannte sie mit ausgesuchtem Personal unter der Führung von Seeoffizieren der englischen Marine. Unter den zahlreichen in den englischen Häfen aus- und einlaufenden Schiffen waren genug für den Zweck geeignete Fahrzeuge, zuerst meist kleine Trampdampfer, die äußerlich verwahrlost und daher „echt" aussahen. Später wurden fast alle Typen von Handelsschiffen, mit Vorliebe auch Segelschiffe, als Fallen benutzt. Um der Beobachtung feindlicher Agenten zu entgehen, trug die Besatzung auch im Hafen Zivilkleidung, die Offiziere ließen sich „Handelsschiffsbärte" wachsen. Der Kommandant war der „Master", der leitende Ingenieur der „Chief", wie das Handelsschiffsitte war, und auch die Kommandos an Bord und überhaupt das ganze Benehmen von Schiff und Besatzung mußten „zivilmäßig" sein.

Da man uns schmeichelhafterweise eine sehr genaue Kenntnis der englischen Schiffstypen und Handelsstraßen zutraute, kam es für das Q-Boot in erster Linie darauf an, sich, schon rein äußerlich genommen, in nichts von einem gewöhnlichen Handelsdampfer zu unterscheiden. Die kleinste Abweichung oder Unregelmäßigkeit konnte den Verdacht des erfahrenen U-Boots-Kommandanten wecken. Schiffstyp, Kurs und das gerade befahrene Seegebiet mußten zueinander passen. Ein Ellerman Liner auf Nordkurs war sozusagen unmöglich an der Westküste von Irland, ebenso wie ein Küstendampfer unwahrscheinlich mitten im Atlantik. Wollte man einen wertvollen Transport für die Orient-Armee markieren, wurden echt aussehende Eisenbahnwaggons aus Holz und Segeltuch als Attrappen so sichtbar an Deck gesetzt, daß das U-Boot Appetit bekam. Selbstverständlich konnte der Kurs einer Falle bei hellichtem Tage nicht geändert werden. Man war ja ständig unter den Augen der U-Boote und damit unter Augen von Leuten, welche man selbst nicht einmal sah!

Sobald die Falle ihren Hafen verlassen hatte, begann das eigentliche Theater. Das Schiff fuhr auf einem Kurs West von „Glasgow nach New York". Wurde tagsüber nichts gesichtet, änderte man in der Dunkelheit der darauffolgenden Nacht sein „Kostüm". Die ganze Besatzung war fieberhaft an der Arbeit. Ein falsches Deckshaus wurde aufgesetzt, Ringe um den Schornstein gemalt, die Konturen des Schiffes und der Brücke verändert, kurz und gut, es entstand über Nacht ein ganz neues Schiff. Kurz vor Hellwerden wurde entgegengesetzter Kurs eingeschlagen. Jetzt war man auf Kurs Ost von „New York nach Glasgow", und nichts verriet dem U-Boot, welches dies Fahrzeug vielleicht zufällig am Tage vorher von weitem beobachtet hatte, die gefährliche Identität beider Schiffe. Die Masten waren Teleskopmasten, d. h. man konnte auf dem Kurse nach New York mit hohen, schlanken Masten fahren und erschien am anderen Morgen als häßlicher Stumpmaster. Selbstverständlich mußte der Kurs des Schiffes auch wirklich nach irgendeinem Hafen hinführen und durfte nicht etwa willkürlich gewählt sein. Auf alles das hatten die U-Boote ein sehr scharfes Auge! Natürlich hatte das Q-Boot auch Funkentelegraphie, welche aber so geschickt versteckt war, daß man den Zuführungsdraht zur Funkstation für eine Flaggleine halten mußte.

Schon rein äußerlich genommen war das Ganze eine raffiniert ausgedachte Camouflage. Die U-Boots-Falle war eine Camouflage comme il faut, sie war konzentrierte Täuschung, ein lebendiger

Hinterhalt, ein Menschenköder, auf den lebendige Menschen beißen sollten.

Die Besatzung der Fallen bestand aus vier bis fünf Offizieren und etwa 80 Mann. Die Bewaffnung aus zwei bis drei Geschützen in einem Kaliber von 10 bis 12 cm, zwei Torpedorohren und Wasserbomben. Der Kommandant war von der Brücke aus durch eine doppelte Sprachrohrleitung mit allen Räumen und Teilen seines Schiffes verbunden. In den Decks waren „Sehrohre" eingebaut, welche von außen wie kleine Ventilatoren oder Schornsteine aussahen. Durch diese beobachtete der Kommandant, selbst wohl verdeckt, das sich ahnungslos annähernde U-Boot. An Deck durften sich bei Tage immer nur so viele Leute zeigen, wie für ein Handelsschiff unverdächtig war. Jeder Mann hatte seine Rolle, die er immer spielen mußte, besonders aber dann, wenn ein U-Boot in der Nähe war, oder wenn die Falle, vom Torpedo getroffen, „scheinbar" verlassen wurde. Der eine als Koch, welcher Essensreste über Bord schüttete, der andere mit der Pfeife im Munde als uniformierter Ausgucksposten an der achteren kleinen Kanone. Das war sehr natürlich, denn solche kleinen Kanonen hatte im späteren Teil des Krieges jeder Handelsdampfer. Daher standen sie auch auf den Fallen ganz offen achtern auf Deck. Sehr realistisch wirkte auch ein Neger, welcher sich im letzten Moment in großer Aufregung und gestikulierend in die schon halb heruntergelassenen Boote stürzte, oder ein als „Frau des Kapitäns" verkleideter Matrose.

Die Taktik der „Mystery Ships" war folgende:

Wenn das U-Boot aus großer Entfernung den Warnungsschuß feuerte, versuchte die Falle zunächst scheinbar zu fliehen. Wenn dann der zweite und dritte Schuß kam, stoppte man und ließ Dampf ab (was typisch war). Jetzt trat die „panic party" in Tätigkeit. Eine bunt zusammengewürfelte, aus Offizieren, Maschinisten, Stewards, Matrosen und Köchen bestehende Gesellschaft stürzt sich in Angst und Verwirrung in die Boote. Zuletzt der „Master", welcher sich mehr Zeit läßt, um im Kartenhaus noch Seekarten, Ladungsmanifeste und andere Schiffspapiere zusammenzuraffen. Dann geht auch er ins Boot. In der inzwischen eingetretenen „Panik" wird ein Boot nicht richtig bedient und rauscht, mit dem Bug nach unten hängend, herunter. Einige Leute fallen über Bord. Schließlich stößt die ganze Gesellschaft unter Führung eines Navigationsoffiziers — dieser saß in den Booten als Kapitän, falls das U-Boot fragen sollte, der wirkliche Kapitän war noch an Bord — vom Schiff ab. Alles dies beobachtet mit scharfen Gläsern das sich über Wasser langsam nähernde U-Boot, sieht diese „echt" aussehende Gesellschaft, wie sie undiszipliniert und schlecht rudert, und denkt, daß alles normal ist.

Es ist ganz sicher, daß es höchst aufregende Minuten gewesen sind für die Engländer. Tat das U-Boot nicht so, wie es sollte, so ruderte die „panic party" in den Booten scheinbar harmlos an eine Stelle, welche die Geschütze der Falle besser bestreichen konnten. Zögerte es selbst dann noch, taten die Rettungsboote so, als wenn sie wieder zum Schiff zurückkehren wollten. Das reizte erneut die Deutschen und veranlaßte sie, doch schließlich nahe heranzukommen.

Dann kam der Moment, in welchem dem englischen Kommandanten das Herz bis zum Hals geschlagen haben mag. „Stand by" (klar zum Feuern!) als Vorbereitungskommando durch alle Sprachrohre und dann das für das U-Boot so verhängnisvolle und meist tödliche „let go!" (Feuer).

Jetzt stieg die englische Kriegsflagge empor, mit einem Ruck fiel die Verkleidung der Geschütze, und vernichtendes Geschützfeuer überfiel das Opfer. In den meisten Fällen war das U-Boot verloren.

In der Heimat hieß es nach Wochen bangen Wartens: „Von Unternehmung an die englische Westküste nicht zurückgekehrt."

Aber zum Theaterspielen gehören auch Proben und zu diesen Proben muß man Zeit haben. Leider haben wir durch die ewigen, von uns selbst veranlaßten und periodisch wiederkehrenden Pausen im U-Boots-Krieg den Engländern dazu verholfen, daß sie Zeit in ausreichendem Maße fanden, nicht nur die U-Boots-Fallen in aller Ruhe in Dienst zu stellen und auszurüsten, sondern auch, um die Besatzung in den schweren Winterstürmen im Atlantik seegewohnt zu machen und für ihre besondere Aufgabe zu schulen. Eine solche Pause war z. B. der Winter 1916/1917, und wir merkten im Februar 1917, als der uneingeschränkte U-Boots-Krieg begann, deutlich, daß die Engländer „geprobt" hatten.

Die lange, tatenlose Zeit hatte sie auf allerhand neue Ideen gebracht. Wenn das Q-Boot in einem Seegebiet war, in welchem nach den letzten Meldungen irgendwo U-Boote stecken mußten, gaben sie einen offenen Funkspruch an ihren „Reeder" ab, etwa wie:

„Bin durch schlechtes Wetter aufgehalten; meine Position 50 Seemeilen westlich Fastnet Rock."

Damit sollte ein dummer Kapitän vorgetäuscht werden, der noch nicht gelernt hatte, nach dem Code zu funken. Gleichzeitig wurde das U-Boot angelockt, welches nur zu der Stelle hinzufahren brauchte, welche der Dampfer angegeben hatte. Aber wir waren inzwischen auch schlau geworden und ließen diesen Kapitän lieber ungeschoren in seiner Dummheit.

Wenn eine Falle vom Torpedo getroffen war, funkte sie ebenfalls in offener Sprache:

„SOS — SOS — help, submarine closing and shelling me, please send help quickly!" „Hilfe! Ein U-Boot verfolgt und beschießt mich. Bitte, senden Sie schnell Hilfe!"

Das klang auch wieder ganz natürlich.

Für den U-Boots-Kommandanten war alles Instinkt und Gefühl. Oft genug regte sich die innere Stimme und warnte. Wie erbost mögen die Engländer gewesen sein, wenn alle ihre Schauspielerkünste und alle ihre „Schönheit" und „Echtheit" nichts nützte und sie sich einfach ignoriert fühlten! Ober wenn ihnen, wie ein Engländer einmal erzählt hat, des Nachts der Öldunst der Motoren eines U-Bootes unter die Nase weht, sie aber nichts unternehmen können, weil sie nichts sehen können und das U-Boot schlau genug ist, diesen Braten nicht anzufassen. Ich kann mir denken, daß der Bluff dann aufhört, Spaß zu machen.

Für den Fall, daß das U-Boot an die Boote herangehen sollte, um Fragen zu stellen nach woher und wohin, mußte die Besatzung eine richtige „Lügenrolle" auswendig lernen, welche an mehreren Stellen des Schiffes ständig ausgehängt war, damit sie von allen Leuten auswendig gelernt wurde. Natürlich mußte diese Lügenrolle ungefähr alle zwölf Stunden geändert werden, denn man fuhr ja plötzlich nicht mehr von „Glasgow nach New York", sondern vielleicht „von Gibraltar nach Liverpool". Das englische Sprichwort: „Tell a lie and stick to it" — „Wenn du lügen mußt, lüge ordentlich und immer weiter", war lebendige Wirklichkeit geworden.

Als die Engländer merkten, daß ihre alten Tücken nicht mehr so recht verfingen, versuchten sie es mit einem neuen Lockmittel. Was war realistischer als ein wirklicher Torpedotreffer? Von jetzt ab ging man also einer Torpedolaufbahn nicht mehr aus dem Wege, sondern fuhr absichtlich in sie hinein, um getroffen zu werden.

War die Falle auf diese Weise getroffen, so war ihre Taktik dieselbe wie sonst auch, nur mit dem Unterschied, daß die auf Deck des sinkenden Schiffes versteckt zurückgebliebene Crew ungemütliche Augenblicke oder Stunden verlebte, bis der Moment kam, wo die Geschütze sprechen konnten. Man mußte also die Schiffe unsinkbar oder wenigstens doch schwer sinkbar machen und baute ihnen innen und versteckt eine Holzladung ein, auf welcher das Schiff einige Stunden schwimmen konnte, bis das U-Boot endgültig vernichtet war oder Hilfe herbeigeholt werden konnte.

Dann kam eine Zeit, in welcher sich die Deutschen auf nichts mehr einließen. Entweder sie torpedierten, tauchten überhaupt nicht mehr auf und überließen das Schiff seinem Schicksal, oder sie feuerten aus großer Entfernung auf die Falle. Da das U-Boot ein zu kleines Ziel war — auf einige tausend Meter nur noch ein Punkt —, so konnte der Engländer nicht mit gleicher Münze antworten. Nahm er überdies seine richtigen Geschütze, so verriet er vorzeitig seinen wahren Charakter, was auch nicht der Zweck war. Hier verfuhr man nun folgendermaßen:

Das achtere kleine Geschütz wurde besetzt, und man erwiderte das Feuer des U-Boots. Wurde das Gefecht heiß, und die Falle war schon mehrfach getroffen, markierte man einen Treffer, eine Dampfexplosion. Hierzu hatte man ein „Panic-Dampfrohr". „Feuer" brach aus, so daß beim U-Boot der Eindruck erweckt werden mußte, daß das Schiff am Ende sei. Dann wurde nach einigen weiteren Minuten gestoppt, und die „panic-party" verließ das Schiff. Kam das U-Boot jetzt in die Nähe, wurde verfahren wie früher. War es aber so vorsichtig, unter Wasser zu bleiben, um sich das Opfer erst einmal genauer durch das Sehrohr anzusehen, hatte man ja Torpedos, mit welchen man das in der Nähe befindliche und sich unter Wasser ganz sicher glaubende U-Boot vernichten konnte. Hatte aber das U-Boot trotz allen Bluffs den wahren Charakter seines Gegners erkannt, dann konnte man in allerletzter Minute immer noch irgendwelche Zerstörer heranrufen, welche sich im Umkreis von etwa 30 Meilen außer Sicht des eigentlichen Kampfplatzes aufhielten und die Falle auf funkentelegraphische Anforderung „entsetzen" konnten.

Es war ein sehr gefährliches Theater, was da gespielt wurde, mit dem Titel: „Um Leben oder Tod!" Die englische Regiekunst war auf voller Höhe. Man wußte, wie oft ein Erfolg von der richtigen Wirkung eines Details abhängig ist. Die ersten Rollen hatten die beiden Kommandanten, welche ein ganz persönliches Duell miteinander ausfochten. Die Bühne war das Meer, weiträumig und mit ganz modernen Mitteln ausgestattet. Sie war sogar „versenkbar". Statisten gab es kaum. Alle hatten große Rollen. Die Stichworte waren bekanntgegeben; und die „Donner- und Windmaschinen" traten in Tätigkeit. Aber es war selten, daß alle Akte bis zu Ende durchgespielt wurden. Der kleinste Versager, eine geringe Unachtsamkeit, ein von Ungeduld oder Nervosität veranlaßtes, voreiliges Auftreten oder ein sekundenlanges Zögern verursachten eine Krisis, eine Katastrophe, welche mit dem Tode vieler Schauspieler endete.

Oft war auch das U-Boot der Sieger, aber immer waren dann irgendwelche glückliche Umstände dabei, welche den Kommandanten die Lage rechtzeitig erkennen ließen. So manches Q-Boot liegt neben unseren U-Booten auf dem Grunde des Meeres, und so mancher Fallenkommandant mußte seinen Bluff mit dem Verlust seines Schiffes und mit dem Tode vieler seiner Leute bezahlen. Gerade im Kampf — U-Boot gegen Q-Boot — galt „heute rot, morgen tot". Der Sieger von heute konnte morgen der Besiegte sein. Die „fitness to win" war das Entscheidende. Die Fähigkeit zu siegen.

Ein drastisches Beispiel dafür gibt das Schicksal der Falle „Stonecrop".

Ihr fiel eines unserer großen U-Boote mit der ganzen Besatzung zum Opfer. Ein englischer Q-Boots-Kommandant, Lieutenant-Commander Harald Auten, erzählt den Kampf in seinem Buch „Q. Boat Adventures" wie folgt:

An einem Septembertage des Jahres 1917, nachmittags, befand sich H.M.S. „Stonecrop" in der Biscaya auf dem Wege von „Gibraltar nach der Irischen See". Bis zur Lademarke beladen, mußte jeder Seemann das Schiff für einen typischen alten Trampdampfer halten. Es machte den Eindruck eines ausgezeichneten „Money Makers", auf dessen Äußeres der Reeder nicht allzuviel Geld verschwendet hatte. Das Wetter war gut, nichts in der weiten See sah nach Krieg aus.

Da sichtete um 5 Uhr nachmittags der Ausguck auf der „Stonecrop" weit vorn über Backbordbug einen „Punkt". Zunächst sah es fast aus wie ein Rettungsboot. Dann erkannte man bald, daß es der Turm eines U-Bootes war, welches anscheinend gestoppt an der Oberfläche lag. Jetzt wurde es auf beiden Seiten lebendig. Bei den Engländern schrillte die Alarmglocke, auf dem U-Boot sah man die Leute aus dem Turm klettern und die Geschütze besetzen.

Die „Stonecrop" verfolgte ruhig ihren Weg, als wenn sie dieser Punkt nichts anginge. Sssstt... sangen die U-Boots-Granaten durch die Luft. Schack... pfumm... fuhren sie in die See weit vor dem Bug des Engländers.

Dieser dreht hart Backbord, bemannt die kleine Kanone („Dummy Gun") auf dem Achterdeck, erwidert peng... peng das Feuer und versucht, zu fliehen.

Commander Morris Blackwood, der Kommandant der „Stonecrop", ruft durchs Sprachrohr seine Funkstation an und gibt Befehl, SOS zu geben.

„SOS — SOS — SOS —" funkt es durch den Äther in offener Sprache (wohl aufgefangen und abgelesen auch von dem U-Boot).

„SOS — I am being shelled by a submarine, SOS." —

„SOS — hurry up, or I shall have to abandon ship." „Ich werde von einem U-Boot beschossen. Beeilen Sie sich oder ich muß mein Schiff verlassen!"

So geht die „Verfolgung" eine halbe Stunde. Die Einschläge des U-Bootes mehren sich und fallen immer dichter um die Engländer. Die Sache beginnt warm zu werden.

Die „Stonecrop" hat den Wind von achtern. Das ist gute Gelegenheit, die „Feuer- und Rauchapparate" zur Wirkung zu bringen. Als wieder ein Einschlag ganz dicht beim Schiff liegt, werden sie in Tätigkeit gesetzt. Hohe Flammen schlagen aus dem Achterschiff, und bald ist alles in Rauch gehüllt.

Auf dem U-Boot verfolgt man den Gang des Gefechts sehr genau, beobachtet den Einschlag jeder Granate und konstatiert jetzt mit Freuden:

„Treffer im Achterschiff, das Schiff brennt!"

Blackwood stoppt und gibt das Zeichen zum Verlassen des Schiffes. Die „Panic Party" spielt ihre Rolle vorzüglich. In wilder Verwirrung stürzt alles in die Boote. Einige ganz, andere nur halb angezogen, mit dem Zeug unterm Arm. Regellos und undiszipliniert, wie es in einem solchen Moment nur auf einem kleinen Handelsschiff sein kann, beeilt sich die Crew, nur wegzukommen von Rauch und Flammen und ihrem „verlorenen Schiff". Das U-Boot hat aufgehört zu schießen, taucht in etwa fünftausend Meter Entfernung und nähert sich nun unter Wasser der „Stonecrop".

Wie eine Ewigkeit erscheinen Blackwood, welcher mit seinen „Spezialisten" an Bord versteckt zurückgeblieben ist, die nächsten 20 Minuten. Da, ein Sehrohr an Backbord in etwa 500 Meter Entfernung! Auch von den Rettungsbooten aus wird es sofort gesichtet. Diese setzen sich in Bewegung und pullen vorn an ihrem Schiffe vorbei an die Steuerbordseite, als wenn sie der unheimlichen Nähe der Deutschen ausweichen möchten. Aber der deutsche Kommandant ist immer noch vorsichtig, bleibt unter Wasser und fährt ganz dicht an der Backbordseite der „Stonecrop" entlang. Er sieht sich mit der Vergrößerung seines Sehrohrs das immer noch in Qualm gehüllte und brennende Schiff aus nächster Nähe an, kann aber nichts Unnormales entdecken. Es scheint in der Tat keine lebende Seele mehr an Bord zu sein.

Und doch starren ihm durch verdeckte Ritzen und Spalten der „Stonecrop" ein gutes Dutzend vernichtungsgieriger englischer Augen entgegen. Jetzt nur nicht rühren, nicht atmen, denn die Sehrohrvergrößerung des U-Bootes ist scharf und buchstäblich die leiseste Bewegung wird zum Verräter!

Der Deutsche geht getaucht hinter dem Heck des Engländers herum und kommt dann in der Nähe der „Panic Party" langsam an die Oberfläche!

Der dritte und letzte Akt beginnt.

Das U-Boot liegt jetzt etwa 500 Meter von der „Stonecrop" entfernt gestoppt an der Oberfläche, öffnet aber noch nicht das Turmluk, um, falls noch irgendeine Hinterlist im Spiele sein sollte, sofort wieder tauchen zu können. Blackwood tastet mit der Hand nach der Alarmglocke. Das U-Boot setzt sich in Bewegung, in Richtung auf die Rettungsboote, welche sich in der „richtigen Peilung" hingelegt haben.

„Stand by" wispert, zischelt und raunt es in höchster Aufregung durch die Sprachrohre der „Stonecrop", und kurz bevor das U-Boot bei den Booten angekommen ist, „let go!"

„Feuer! Feuer! Feuer!"

Blackwood hat durch Druck auf einen Knopf von der Brücke aus elektrisch die Verkleidung der Geschütze fallen lassen, und plötzlich verwandelt sich das „verlorene" Schiff in eine feuerspeiende Hölle.

Schon der vierte Schuß sitzt genau an der Wurzel des Kommandoturmes des U-Bootes. Wolken von braunem Rauch verhüllen für einen Augenblick die Sicht. Aber von der „Stonecrop" aus sieht man doch, daß der Turm aufgerissen ist, von links oben nach rechts unten. Der fünfte Schuß trifft unter der vorderen Kanone, der sechste zwischen Kanone und Turm in die Tauchtanks. Die nächsten Granaten zerfetzen offenbar die Preßluftleitung, denn weißliche Wasserwolken sprühen aus der Wunde, fast wie Dampf aussehend. Noch fünf weitere Treffer können von der „Stonecrop" aus beobachtet werden. Plötzlich bäumt sich das deutsche Boot hoch auf, so daß die Engländer weit unter seinen Kiel sehen können. Fast 45 Grad geneigt sinkt jetzt das unglückliche Boot unter die Oberfläche. Verzweifelt sind die Anstrengungen der Besatzung, wenigstens das Turmluk zu öffnen, um einige lebend herauszubringen. Aber der erste Treffer hatte den Turm so zerfetzt, daß das Luk mit keiner Gewalt mehr zu öffnen war. Das U-Boot verschwand, tauchte einen Augenblick mit schwerer Schlagseite nach Steuerbord noch einen halben Meter mit dem Turm wieder über die Oberfläche und sank dann endgültig in die Nacht der Tiefe.

Das war das Ende von 40 deutschen U-Boots-Fahrern, wie die Engländer es gesehen und erzählt haben.

Die Vernichtung dieses deutschen U-Bootes hat England am Tage darauf mit dem Untergang der „Stonecrop" und mit dem Tod von 5 Offizieren und 52 Mann bezahlen müssen.

Am anderen Tage befand sich die „Stonecrop" auf der Höhe der Südküste von Irland auf einem Kurse, welcher nach Norden führte. Bei schönem Wetter zog das Schiff friedlich seine Bahn, anscheinend auf dem Wege nach „Scapa Flow, wo man der Großen Flotte Kohlen bringen wollte". Alles freute sich noch an dem Erfolg des Tages vorher, und kein Mensch ahnte, daß es auch einmal ganz anders kommen könnte.

Als gerade der englische Kommandant, vergnügt ein Seemannslied pfeifend, die Brücke verlassen hatte, um sich nach einer langen Wache einmal ordentlich zu waschen, erschütterte eine furchtbare Explosion sein Schiff. Ein Torpedo hatte das Vorschiff getroffen, die Brücke wurde total zerstört, die drahtlose Station zertrümmert, die Rettungsboote in Stücke gerissen und mehrere Leute getötet. Auch ein Teil der Geschützverkleidungen war heruntergefallen. Das Schiff war steuerlos, schwer havariert und begann schnell zu sinken. Aber das U-Boot war alt und erfahren und sah wohl, daß hier genug getan war. Es fuhr getaucht in die Nähe des Schiffes und blieb im übrigen vorsichtshalber auch außerhalb der Ziellinie der Torpedorohre der Falle, auf welche Commander Blackwood seine letzte Hoffnung gesetzt hatte. Bald darauf überflutete das Wasser schon das Vorschiff, und einige Minuten später schlugen die Seen über der „Stonecrop" zusammen. Die Besatzung schwamm in einem zertrümmerten Boot und auf Flößen an der Untergangsstelle herum. Jetzt erst tauchte das U-Boot auf, ging an die Boote heran und fragte nach Namen und Ladung. Der englischen Schauspielertruppe mag die Antwort diesmal nicht so leicht von den Lippen gekommen sein:

„‚Sallient', Cardiff to Scapa, cargo coal 2000 tons." „ ‚Sallient', von Cardiff nach Scapa Flow bestimmt, mit 2000 Tonnen Kohle!" Dann verschwand das U-Boot am Horizont.

Das Wetter wurde schnell schlechter und die See rauh. Es war Herbst und das Wasser kalt. Da die drahtlose Station gleich zu Anfang zerstört worden war, hatte kein Notruf mehr ausgesandt werden können. Lebensmittel und Trinkwasser waren nur in ganz geringen Mengen vorhanden. So trieb der Rest der „Stonecrop"-Besatzung sechs Tage lang auf den Trümmern ihres Schiffes dem Lande zu. Unterwegs starben 1 Offizier und 12 Mann vor Entkräftung. Schließlich wurde der Rest fast verhungert und wahnsinnig vor Entbehrungen dicht unter der Küste aufgenommen.

Es ist sehr interessant und lehrreich, das Schicksal einiger besonders bekanntgewordener Fallen zu verfolgen.

„Z y l p h a." Dieses Schiff wurde torpediert, von einem englischen Zerstörer dann 180 Seemeilen nach Land geschleppt, sank aber angesichts der Küste. Die Besatzung wurde gerettet.

„F a r n b o r o u g h" (alias „Loderer", alias „Q 5") fuhr als Falle von Oktober 1915 bis Februar 1917 und versenkte „U 68" (Güntzel) und „U 83" (Hoppe). Der Kommandant, Commander Campbell, hat insgesamt drei deutsche U-Boote vernichtet. Zuletzt wurde sein Schiff torpediert, kam aber noch in den Hafen und wurde dort fast gänzlich zertrümmert auf den Strand gesetzt. Nach dem Kriege hat man den Dampfer wieder repariert und in Fahrt gesetzt. Heute fährt er unter irgendeinem anderen Namen durch die Meere, und vielleicht läuft noch manchmal, wenn der Mond auf dem Wasser seine Silberbahn zieht, ein Zittern durch seine Flanken... ein Torpedo! Stand by! Let go!

„P r i c e", ein Segelschiff von 227 tons, kämpfte am 30. April 1917 mit „U 93" (Frhr. v. Spiegel) und verwundete das Boot schwer, ohne es zu vernichten. Der U-Boots-Kommandant wurde durch eine Granate über Bord gefegt und von den Engländern gefangengenommen. Sein U-Boot kam ohne Kommandanten unter Führung des ältesten Wachoffiziers heil nach Hause. Die „Price" wird kurz darauf von einem anderen deutschen U-Boot als Falle erkannt und nachts mit Mann und Maus vernichtet.

„S t o c k F o r c e" wird am 30. Juni 1918 von einem U-Boot („UB 108"?) torpediert. Der am Ende seiner Laufbahn nur noch langsam laufende Torpedo, dem die Falle mühelos hätte ausweichen können, macht plötzlich einen Knick und trifft auf diese Weise doch noch. Dann taucht das U-Boot auf und wird von den Engländern vernichtet. Eine halbe Stunde später sinkt die „Stock Force" dicht unter der Küste.

„Q 5", alias „H. M. S. Tulip", wird am. 30. April 1917 von „U 62" (Hashagen) versenkt und ihr Kommandant, Commander Lewis, als Gefangener nach Deutschland gebracht.

„P a r g u s t" versenkt am 7. Juni 1917 „UC 29" (Rosenow).

„N e l s o n", ein Segelschiff, wird im August 1917 durch ein deutsches U-Boot zusammengeschossen, wobei der Fallenkommandant seinen Tod findet.

„H e a t h e r" („Q 16"). Der Fallenkommandant wird im Gefecht getötet, das Schiff erreicht aber den Hafen.

„D u n r a v e n" sinkt nach stundenlangem, vergeblichem Kampf mit „UC 71" (Saltzwedel) unter schweren Verlusten.

Alles zusammen sind etwa 14 deutsche U-Boote Fallen zum Opfer gefallen. 180 U-Boots-Fallen hat England gegen die deutschen U-Boote in See geschickt.

Für deutsche Begriffe ist es unverständlich, daß englische Besatzungen bezahlt wurden, wenn sie ein deutsches U-Boot versenkt hatten. Sie bekamen tausend Pfund Sterling „je U-Boot", was wir allerdings viel zu billig fanden. Infolgedessen trauten uns die Engländer dasselbe zu und meinten sogar, wir wären nur deshalb leichtsinnig aufgetaucht, um bei den Rettungsbooten nach dem Namen und dem Bestimmungshafen des Schiffes zu fragen, weil wir zu Hause alle diese Details hätten melden müssen. Ohne das hätte es keine klingende Belohnung und kein Eisernes Kreuz gegeben! Darüber hinaus hat man uns gelegentlich sogar das Fehlen von „all sense of honour and fair fighting" vorgeworfen. Wir Deutschen wollen gern alte Dinge ruhen lassen, aber wenn so etwas behauptet wird, sollen uns erst einmal die englischen U-Boots-Fallen sagen, was man unter „fair fighting" versteht!

Nein, Leben oder Sterben, Siegen oder Untergehen war für uns deutsche U-Boots-Fahrer gleich „billig". Wir kämpften ohne die Aussicht auf materiellen Gewinn für die Freiheit unserer deutschen Heimat. Viele von uns erhielten nach langen Fahrten oder für eine besondere Leistung das schwarzweiße Band. Aber über die Hälfte aller U-Boots-Fahrer hat das Eiserne Kreuz an das Meer, auf dem sie es erkämpft hatten, zurückgegeben. Zusammen mit ihrem eigenen Leben.

„U 62"

Durch zwei lange Kriegsjahre hatte ich nun schon einige Erfahrungen als U-Boots-Mann sammeln können. Dreimal war ich mit „U 22" in See gewesen, und sechs lange Fernfahrten hatte ich mit „ÜB 21" hinter mir. Da war im November 1916, während einer kurzen Urlaubszeit in den bayrischen Bergen, das langersehnte Telegramm gekommen: „Zum Kommandanten ‚U 62' ernannt!" —
Endlich das große Boot!
Ich packte schleunigst meine Koffer und stand zwei Tage darauf am Kai der Weserwerft in Bremen. Das war ja ein Riese! 70 Meter lang und fast 7 Meter breit! 1000 Tonnen Wasserverdrängung (getaucht) und 2000 Pferde in den Dieselmotoren! 16 Seemeilen Überwassergeschwindigkeit, eine 10,5-Zentimeter-Kanone und eine 8,8. 40 Mann Besatzung! Das war ein Schiff und eine wundervolle Waffe! Wenn uns nur etwas mehr Spielraum gelassen würde im Kampf gegen die englische Blockade, wollte ich meine Kriegserfahrungen schon richtig anbringen!
Mit unendlichem Stolz ging mein Blick über das schöne neue Boot. Die Engländer haben eigentlich recht, wenn sie ein Schiff als etwas Weibliches empfinden, ganz gleich, ob es ein battle-cruiser oder ein kleines submarine ist. Auch ein U-Boot hat etwas Mütterliches, Beschützendes. Auf den ersten Fernfahrten im Frühjahr 1917 lernte ich auch meine Besatzung näher kennen. Die Verbindung zu meinen Leuten ist bis heute nicht abgerissen. Das Geheimnis wirklicher und dauernder Kameradschaft liegt wohl darin, daß sie erst im Sturm und Wetter des Lebens erprobt sein muß, um von Dauer zu sein. Wir vertrauten felsenfest aufeinander. Was waren wir Kommandanten ohne unsere Leute? Gewiß, wir machten die Pläne, führten und griffen an. Aber das ganze stolze Gebäude fiel in nichts zusammen schon bei einem kleinsten Versager der Besatzung. Ein falsch bedientes Ventil, unangebrachte Nervosität oder irgendein kleiner Mangel an Aufmerksamkeit, an „Zusammendenken" mit dem Führer oben im Turm konnte den Erfolg in einen Untergang verwandeln.
Es war überhaupt erstaunlich, wieviel tüchtige Leute Deutschland auch im dritten Kriegsjahr immer noch hergab. Wenn man sie nur alle an richtiger Stelle verwandt hätte, diese deutschen Männer, die die besten Seeleute und Soldaten der Welt waren! Mit Grauen dachte ich an die Flotte, an die „dicken Schiffe", die auf der Jade an

der Kette lagen! Gewiß, sie taten viel für uns U-Boote, sie legten Sperren zu unserm Schutz und räumten feindliche Minenfelder fort, sie brachten uns aus der Deutschen Bucht heraus und nahmen uns bei der Rückkehr wieder in Empfang, sie waren das Fundament des U-Boots-Krieges. Aber sie lebten und kämpften doch nicht. Es war ein starker Geist in ihnen, aber er war zum Schlummern verdammt. Eine fleet in being? Ein Schlagwort! Eine Flotte war ein Instrument der Politik, eine Schachfigur? Dann hätte man schon längst einmal Schach bieten sollen! Ein Geist lebt und wächst nicht aus sich selbst. Er muß suchen können und fliegen, arbeiten, sich rühren und kämpfen!

Auf „U 62" sind wir wie eine Familie und das Boot ist unsere Mutter. Da ist zunächst mein tüchtiger Steuermann Bening, ein Fischersohn aus Rügen. Er weiß immer, wo wir sind, „schießt" am Tage die Sonne und bei Nacht die Sterne (wenn welche da sind). Er ist Navigationsoffizier des Bootes und mein zweites Gehirn.

Der große vierschrötige Matrose da vorne in der bunten Wolljacke ist ein Friese. Er ist etwas langsam und von schwerem Blut und konnte sich zuerst gar nicht an unser Tempo gewöhnen. Namentlich beim Schnelltauchen, wenn alle Leute sich durch das einzige offene Turmluk die ungefähr 5 Meter hinunterfallen lassen müssen bis auf den Boden der Zentrale, „klemmte" er beim Durchrutschen durch den Turm. Das war schlimm, denn von der Schnelligkeit jedes einzelnen hing oft bei uns das Leben ab.

Eines Tages hatte sich die „Familie" denn auch heimlich verabredet! „Alarm!" Zuerst stürzen einige Leute voran ins Luk und angeln und hampeln sich nach unten. Dann kommt der Matrose Meier und hinter ihm drei schwere, kräftige Kameraden mit dicken Holzsohlen unter den Seestiebeln. Und nun wurde von oben getreten und gequetscht, daß unserem lieben Meier Hören und Sehen verging. Er kletterte nicht mehr, er fiel nicht, er rutschte nicht einmal, nein, er flog einfach nach unten, stieß sich zunächst an der Kante des Turmluks den Ellenbogen, blieb mit seiner Wolljacke am Griff des Sehrohres hängen, fühlte mit der Verlängerung seines Rückens verschiedene harte Kanten, schimpfte und fluchte, griff ins Leere und landete schließlich arg zerschunden und gänzlich erschöpft auf den eisernen Flurplatten der Zentrale. Aber Meier war ein feiner Kerl und einer unserer besten Seeleute an Bord. Er merkte durch dies etwas schmerzhafte Manöver nun aber, was los war und worauf es ankam. Er hatte jetzt „tauchen" gelernt und fuhr von diesem Tage an wie ein geölter Blitz durch den Turm.

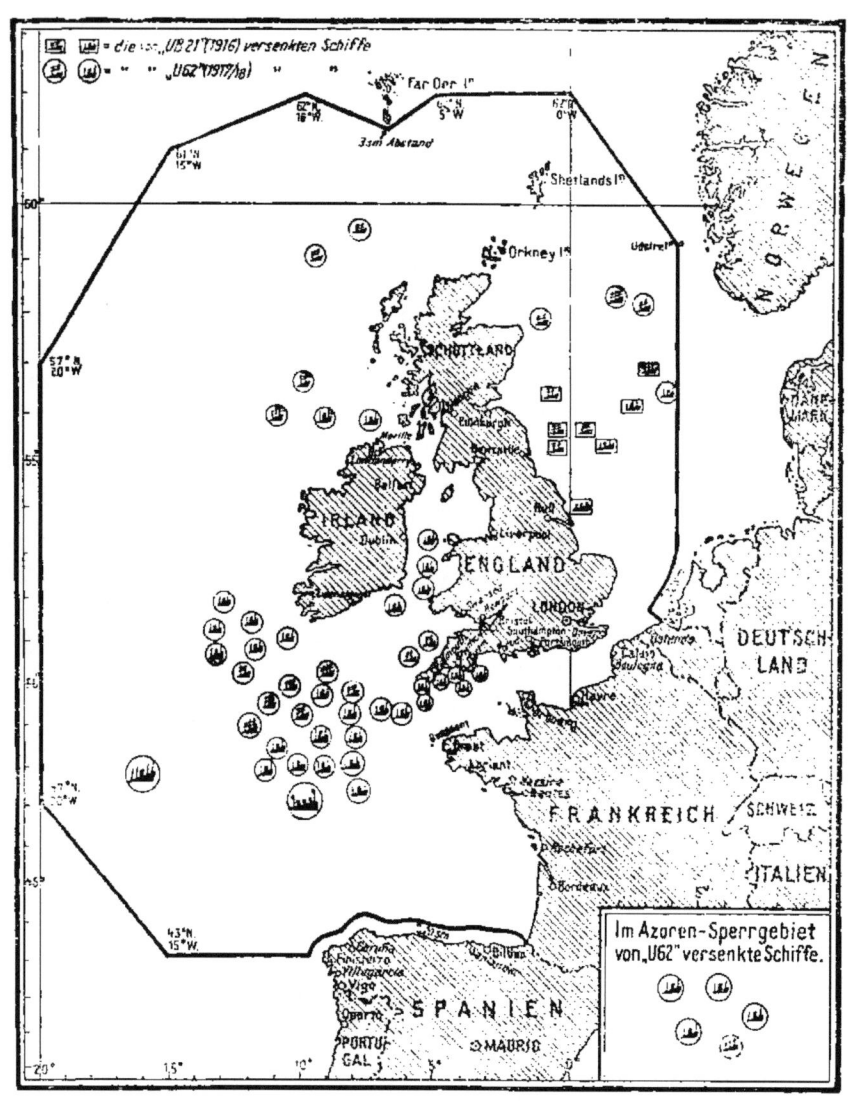

Das Sperrgebiet um England

Die eingezeichneten Fahrzeuge bedeuten nach Ort und Anzahl die von „UB 21" und „U 62" versenkten Schiffe.

Mein ältester Wachoffizier v. Mayer leistete mir lange Jahre treue Dienste. 1918 bekam er als Kommandant sein eigenes Boot. Er fiel zusammen mit seiner ganzen Besatzung am 16. Oktober 1918 auf „UB 90", das durch das englische U-Boot „L 12" vernichtet wurde.

Mein zweiter Wachoffizier Illing war schon mit mir auf „UB 21" gefahren und ein alter U-Boots-Mann. Er hatte weiß Gott seine „Erfahrungen" und war mir auf dem neuen Boot eine wertvolle Stütze. In der Nacht mit den brennenden Seglern vor Newcastle im Herbst 1916 wäre er mir beinahe „abhanden" gekommen.

Am schönsten bewährte sich die Kameradschaft im Angriff. „Angriff beginnt" pfeift es durch die Sprachrohre des Bootes in alle Räume. Unten im Maschinenraum ein Klingeln an den Telegraphen. Dreimal springt der Zeiger auf „Äußerste Kraft" und bleibt dann dort liegen.

„Äußerste Kraft! Angriff!" Über das Gesicht des Maschinisten Metzler zuckt ein Leuchten. Er reißt die Ventile auf und arbeitet an den Hebeln. Winkt und dirigiert. In dem Höllenlärm der rasenden Dieselmotoren ist kein Wort zu verstehen. Nur durch Zeichen kann man sich verständigen. Und die Motoren arbeiten wie wild, hämmern und donnern und reißen die Schrauben mit unbändiger Kraft herum.

Dem Feind entgegen!

Nur eines gab es, das allen Lärm übertönte, das mitten hineinschrie in das Geratter der Maschinen: die Alarmglocke!

Dann hielt Obermaat Budzinski mit einem Ruck die Motoren an. Sie stemmten sich noch einen Augenblick gegen den harten Eingriff. Aber dann standen sie fauchend still. Bei Budzinski gab es keinen Fehler, keine Unruhe, kein Versehen. Alles wurde genau in der Zeit gemacht, in der es geschehen mußte. Nun noch der Luftmast zugeschraubt und die Kuppelung auf die elektrischen Maschinen! Budzinski sagte nicht viel, war aber in seinem Dienst um so treuer und zuverlässiger. Eine Säule an Bord!

Lange nach dem Kriege schrieb mir einmal mein Gefechtstiefenrudergänger Bootsmaat Neuburg, der fast jeden Unterwasserangriff gesteuert hat, einen Brief, in dem etwas von unserem „Familienleben" verraten wird:

„... ‚Fietje Paulsen', unser seemännische Nummer 1, war doch ein ganzer Seemann mit glänzendem Humor bei passender Gelegenheit. Wenn ich ihn auf dem Turm ablöste, schob er erst seinen unvermeidlichen Priem von Steuerbord nach Backbord, und dann gab's zunächst eine kameradschaftliche Anpflaumerei. Er bemutterte mich zu gerne. Wir duzten uns seit der Indienststellung, und wenn er's zu arg mit mir trieb, entwaffnete ich ihn gewöhnlich mit den Worten: ‚Fietje, mach nicht so'n Tamtam.' Das konnte er, ich wußte das, in Anwesenheit eines Offiziers nicht gut vertragen. Bei der nächsten passenden Gelegenheit im Unteroffizierraum bekam ich's dann zu hören: ‚Maat Neuburg, ich will ihm mal was sagen, der Maat muß etwas mehr Respekt vor seinem Obermaat haben!' Im übrigen hat uns Unteroffiziere vom alten Stamm immer ein sehr gutes kameradschaftliches Verhältnis verbunden. — An ein ganz besonderes Erlebnis mit Steuermann Bening muß ich auch noch oft denken. Wir waren auf der Durchfahrt durch die Orkneys und hatten die Insel Fair zwei Strich achterlicher als dwars an Steuerbord. Ich stand unmittelbar hinter Herrn Kapitänleutnant und beobachtete wie üblich mit nach vorn. Außerdem war befohlen, besonders auf Flieger zu achten. Beim Absuchen der oberen Regionen sichtete ich denn auch voraus an Steuerbord ein Flugzeug und zeigte schnell mit der Hand in die betreffende Richtung, aber beim Überholen des Bootes hatte ich den Flieger aus dem Glas wieder verloren. Da meinte Steuermann Bening: ‚Quatsch, Sie haben wohl eine Möwe für einen Flieger angesehen!' Unmittelbar darauf sahen Herr Kapitänleutnant das Flugzeug ebenfalls, jetzt schon bedeutend näher. — Alarm und schnell auf 30 Meter gehen, war eins. Wir hatten gerade noch Zeit, von der Bildfläche zu verschwinden, dann warf die ‚Möwe' ihre ‚Eier' ab. Rums — päng — Rums! — Sollte ich, was ich sehr hoffe, Steuermann Bening bald einmal wiedersehen, dann kriegt er das von mir noch unter die Weste ‚gedäut'..."

Wenn ich in die Gesichter meiner Leute sah, fühlte ich mich stark und sicher. Sie kämpften für mich und ich für sie. Wir alle für die Heimat, für Licht, Luft und Freiheit Deutschlands.

Wie ich „Q 12" versenkte

Westwärts! Spießrutenlaufen zuerst durch Minenfelder und Bewacher. Nebel oben in der Nordsee. Vergebliches Suchen nach der Durchfahrt bei Fair. Um die Shetlands. Kein Land, kein Schiff, Nebelschwaden über dem Meer.

Am Morgen eine Insel. Foula, die Heimat des Königs von Thule. In der Ferne Berge und Küsten. Nässe und Regenwolken. Ein Dampfer!

Verfolgung nach Westen. Kanonen zerreißen das Grau. Widerstand. Wieder Nebel. Verlorene Spur. Wieder ein Dampfer! Tauchen und Angriff. Treffer. Donner und Grollen unter der See. Brechen und Bersten. Sinken.

In der Ferne ein Punkt über dem Wasser. Ein U-Boot! Ein Freund im Atlantik. „U 61" auf der Rückkehr. Mützen schwenken, Grüße für die Heimat. Wieder allein.

Nach Süden! Ein Segler! Von Montreal nach Aberdeen. Versenkung. Sturm und Kälte zwei Tage. Nachtfahrt in der Tiefe...

Am 30. April 1917 steigt eine strahlende Frühlingssonne aus der See. Eine zarte Rauchwolke hängt im Süden über der Kimm. Zwei Masten wie Nadelspitzen so fein. Dann wieder nur ein Mast. Plötzlich ein Schornstein und wieder Rauch. Aber alles weit, weit hinter dem Horizont und nur durch das Glas erkennbar. Wir tauchen und fahren dem unbekannten Schiff entgegen. Nach einer halben Stunde sieht man schon etwas mehr. Ein schwarzer Dampfer, der wilde Zickzackkurse fährt. Wir strecken das Sehrohr wohl gut einen Meter über die Oberfläche, um genau beobachten zu können. Der andere scheint sehr vorsichtig. Wie ein Betrunkener torkelt er heran. Wir beobachten und kontrollieren mit der Uhr in der Hand die Kurse des Gegners.

„Achtung! Kursänderung! Anscheinend auf etwa 315 Grad." Auf einem U-Boot bezeichnete man die Kurse nach Graden, Null Grad war Nord, 315 Grad also Nordwest.

Nach zehn Minuten wieder: „Achtung! Kursänderung auf 330 Grad."

Wieder nach zehn Minuten: „Achtung! Kursänderung auf 345 Grad" usw.

Das Schiff ändert also alle zehn Minuten seinen Kurs, und zwar anscheinend immer um etwa 15 Grad. Wir zeichnen und rechnen, tüfteln und knobeln, um das Zickzacksystem des anderen zu ergründen und um den Generalkurs für uns zu finden, welcher den Gegenkurs irgendwo schneiden muß, bevor das Schiff vorbei ist.

Eine gewöhnliche und etwas zerfetzte englische Handelsflagge am Heck! Merkwürdig, das taten die Briten doch sonst nicht! Eher schon neutrale Flaggen und Abzeichen.

Irgend etwas liegt in der Luft und mahnt zu äußerster Vorsicht.

„Einfahren das Sehrohr! Ein! Tiefer! Ein! Etwas höher! Ein! Ein!"

Der Steuermann neben mir hat die Hand am Hebel des Sehrohrmotors und fährt das Sehrohr mit mir und zusammen mit dem „Lift", auf dem ich stehe, höher hinaus oder tiefer unter die Oberfläche.

Oben ist die See unangenehm ruhig geworden. Jeder Punkt oder Strich, jede Unregelmäßigkeit auf dem Wasser kann uns verraten.

„Etwas höher, noch etwas höher! Tiefer! Ein!"

So bleibt das „Auge" immer unter Wasser, nur für Bruchteile von Sekunden gibt die darüber wegspülende See es frei. Ein silbernes Leuchten, in Blick:

Gerade ändert der Gegner wieder Kurs. Ich sehe, wie das ganze Schiff sich ordentlich überlegt und jetzt auf uns zukommt. Ich muß nur mit geringster Fahrt weiterlaufen, um in wenigen Minuten dran zu sein.

„Tiefer! Ein! Aus! Ein!"

Totenstill ist es im Boot. Nur das Rattern der Tiefenruder und die abgehackten Kommandos für das Sehrohr: Schicksalsstunde!

Wenn der Brite jetzt nur seine zehn Minuten wirklich durchhalten wollte!

Endlich, achteinhalb Minuten nach der letzten Kursänderung und eineinhalb Minuten vor der neuen Wendung, schiebt sich der Bug des Dampfers von links in das Gesichtsfeld des Sehrrohrs und passiert den Visierfaden.

Wasser, blaugrün, vorm Auge. Wieder Licht.

Der vordere Mast, die Brücke!

„Erstes Rohr Achtung!" Wieder schlägt eine See übers Seerohr!

Der Schornstein.

„Erstes Rohr — Looos!"

Das „Los" wurde in einem langen singenden Ton gerufen.

Ein leichtes Zittern vorne im Boot. Der Torpedo ist raus!

Der Schuß muß sitzen, das fühle ich. Schon nach 20 Sekunden erfolgt eine schwere Detonation, nach 22 Sekunden — die erste hallt noch im Wasser nach — eine zweite, erheblich schwerere (anscheinend Kesselexplosion). Die Erschütterungen dabei sind bei uns im Boot so heftig, daß ich zunächst auf 20 Meter Tiefe ablaufe, um zu sehen, ob wir selbst nichts abbekommen haben. Als alles in Ordnung scheint, gehen wir wieder auf Sehrohrtiefe und sehen uns um. Das Schiff ist achtern im Maschinenraum getroffen und in der Mitte — wohl infolge der Kesselexplosion — stark eingeknickt. Von der Besatzung nichts zu sehen.

Als ich mit hoch ausgefahrenem Sehrohr vorne am Bug des Schiffes vorbeifahre — das war unsererseits ein Lockmanöver, um zu sehen, ob der Gegner irgend etwas unternahm daraufhin —, wird aus einem versteckt unter der Brücke aufgestellten Geschütz heftig auf das Sehrohr gefeuert. Aha! Wir ziehen unsere Fühlhörner ein, vergrößern den Abstand und bleiben immer hübsch vor dem Bug des bewegungsunfähig daliegenden Feindes, um ihm keine Chance gegen uns zu geben. Inzwischen beobachten wir weiter mit der Vergrößerung und finden bald das bestätigt, was wir halb unbewußt schon während des ganzen Angriffs geahnt haben.

Auf dem Heck steht, sehr gut maskiert, ein starkes Geschütz. Die Verkleidung war bei der Explosion des Torpedos zerrissen und verschoben. Trotzdem konnte ich das Geschütz erst nach langer und sorgfältigster Beobachtung genau erkennen. An jeder Seite unter der Brücke eine 7,6-Zentimeter-Kanone. Achtern sind zwei Klappen in der Bordwand heruntergeklappt, hinter denen sich anscheinend Torpedorohre befinden. Eine U-Boots-Falle!

Vor der Explosion war natürlich nach außen von alledem nichts zu sehen. Das Schiff schien ein harmloser Engländer zu sein, welchen die bösen Hunnen unmenschlicherweise versenken wollen.

Als die anderen sehen, daß ihre Schießerei nicht mehr viel Zweck hat und ihr Spiel verloren ist, gehen sie in die Boote. Die „panic party" kommt nicht so recht in Aktion. Die Bühne des Schauspiels scheint zu versinken. Ich setze schnell meinen Zeiß-Photoapparat am Sehrohr in Tätigkeit, photographiere sechs Meter unter der Oberfläche erst mal in aller Ruhe diesen seltenen Vogel und laufe dann mit äußerster Kraft unter Wasser ab. Einen Denkzettel sollen diese Brüder doch noch bekommen! In gutem Sicherheitsabstand wird aufgetaucht.

„An die Geschütze!" — „Entfernung 2000 Meter!" — „Schnellfeuer!!"

Und mit zwei starken Geschützen überfallen wir das bösartige Schiff. Heulend gehen die Granaten über die in ihren Booten sitzenden Tommies hinweg und schlagen krachend ein in ihr Schiff. Das brennt und bäumt sich. In Fetzen fliegen die Splitter über Deck, bis wir sicher sind, daß wirklich keine „lebende Seele" mehr an Bord sein kann.

Aber er hat schon genug, unser Feind. Das Schiff bricht in der Mitte völlig auseinander und sinkt in zwei getrennten Teilen unter Flammen und Raucherscheinungen berstend und zischend in die Tiefe. Nun erst war die Luft rein. Ich konnte an die Boote herangehen und feststellen, was für ein Schiff wir da eigentlich gefaßt hatten.

An der Wrackstelle schwamm alles mögliche herum, unter anderem Kleidungsstücke mit Marineknöpfen, Utensilienkästen, Tische, Stühle, Seekarten usw. In dem Deckel eines solchen Utensilienkastens fanden wir unter dem üblichen Bild eines sweet girl, was wir suchten, eine Postkarte mit folgender Adresse: To the sailor Jackson on Board H. M. S. TULIP (Q 12).

Das letzte, „Q12", war das Interessanteste für uns. „Q" war ja die englische Bezeichnung für U-Boots-Fallen. Das beseitigte die letzten Zweifel. Wir fuhren nun zu den Booten und um sie herum und sahen uns diese Gesellschaft, die uns hatte ans Leben wollen, mit höchstem Interesse an. Die Burschen sahen einigermaßen übel aus, wie eine sehr herabgekommene Schauspielertruppe. Aber das gehörte ja zu dem großen Bluff! Ich beschloß, ein Exempel zu statuieren und den Führer der ganzen Gesellschaft gefangenzunehmen.

Auf unseren Anruf „where is the Captain?" meldete sich sofort mit erhobenem Arm ein Mann in den Rettungsbooten. Sein Boot wird längsseit gerufen und Commander Lewis an Bord geholt.

Als er erfuhr, daß er als Gefangener mit uns nach Deutschland soll, verabschiedete er sich von seinen Leuten in den Booten, die alle die Mützen schwenken und „Oh, Sir!" rufen. Seine erste Frage an mich: „You will kill me now, Captain?" war nicht so leicht zu beantworten. Ich erwiderte denn auch so gleichgültig als möglich: „No, not yet!"

Dann wurde Commander Lewis unter Deck befördert und in seine neue Rolle als Gefangener auf einem deutschen U-Boot eingeführt, was immerhin für den Kommandanten einer englischen U-Boots-Falle eine außergewöhnliche Sache war. Aber er kam schnell hinein und fand es bei uns nach einigen Tagen, wie er mir sagte: „very comfortable". Unser Stabsarzt gab seinen Pelz an ihn ab und Leutnant Illing eine weiße Wintersportmütze, damit er sein Äußeres etwas „U-Bootsmäßiger" gestalten konnte. In diesem Kostüm saß Captain Lewis in seinen Erholungsstunden bei uns an Deck in der

Sonne und dachte über die Tücke des Schicksals nach. Oder er hörte am Abend meine Leute deutsche Volkslieder singen, die schwermütig über die See klangen. Er griff sich an den Kopf und rieb sich die Augen. Waren das die Hunnen!? Wir kamen allmählich auch etwas ins Gespräch, und er erzählte mir, daß er im Moment des Torpedoschusses durch Hartzudrehen noch versucht hätte, „U 62" zu rammen und mit Wasserbomben zu vernichten. Ich sei ihm aber um Sekunden zuvorgekommen. Im übrigen waren wir beide schweigsam, wenn die Unterhaltung um militärische Dinge ging. Erst jetzt, lange Jahre nach dem Kriege, hat Lewis sein Erlebnis in einer englischen Zeitschrift mit allen Einzelheiten wie folgt erzählt:

„Am 30. April 1917 — es war die furchtbarste Woche des ganzen Krieges für unsere Schiffahrt — hatte ich das Kommando des ‚Decoy' (Lock)schiffs „Q 12", eines Dampfers von annähernd 1500 t. Es war 1.30 Uhr nachmittags an einem schönen Frühlingstag und wir dampften ungefähr 200 Meilen westlich Irland auf nördlichen Kursen. Ich war auf der Brücke, als plötzlich einer meiner sieben Ausguckposten schrie: „Periskop an Steuerbord, Sir!" Ich sah das Sehrohr sofort, reichlich 400 Meter entfernt, und kommandierte: Hart Steuerbord, um entweder das U-Boot zu rammen oder mit Wasserbomben zu vernichten. Bevor aber das Schiff angefangen hatte, dem Ruder zu gehorchen, rief derselbe Ausguckposten: „Ein Torpedo ist gefeuert, Sir!" Die Torpedolaufbahn kam schnurgerade auf uns zu. Es war ein höchst unangenehmer Moment. Wird uns der Torpedo unterlaufen, oder wird er uns treffen? Unsere Zweifel waren bald erledigt, denn der Torpedo traf mein Schiff direkt in der Mitte zwischen Maschinen- und Heizraum. Es erfolgte eine furchtbare Explosion, welcher gleich eine zweite folgte. Die Kessel! Die Wirkung war entsetzlich. Mein größtes Rettungsboot wurde an Deck geworfen, meine Funkenantenne hing in Fetzen herunter. Die Verkleidungen meiner Geschütze waren beiseite geschleudert, und das Schiff wurde buchstäblich in zwei Teile gerissen, die nur noch lose zusammenhingen. In der Wasserlinie hatten wir ein Leck wie ein Scheunentor so groß.

Ich nahm sofort die Verbindung mit dem Chefingenieur und dem Ersten Offizier auf, welche beide übereinstimmend meinten, daß das Schiff nicht länger als höchstens noch ein paar Minuten schwimmen könnte. Der erstere meldete mir auch, daß alle Leute in den Heiz- und Maschinenräumen getötet wären. Ich konnte nichts mehr tun, als den Befehl geben, das Schiff zu verlassen. Mit Hilfe einer meiner Bluejackets warf ich den eisernen Safe, welcher die Geheimbücher enthielt, über Bord.

Ich muß sagen, daß das Verhalten meiner Mannschaft bewunderungswürdig war, so daß wir ohne Unfall in unsere drei uns noch gebliebenen Rettungsboote kamen.

In der Zwischenzeit fuhr das U-Boot um das Schiff herum, mit dem Sehrohr aus dem Wasser ragend. Wir trieben und ruderten ungefähr eineinhalb Meilen von unserem Schiff entfernt. Schließlich tauchte das U-Boot in etwa zwei Meilen Abstand von uns auf. Wir waren nun in direkter Linie zwischen den Deutschen und dem Schiff. Wir beobachteten die U-Boots-Besatzung, wie sie aus dem U-Boots-Turm stieg, die Kanone klarmachte und auf uns richtete. Ich muß gestehen, daß wir uns in diesem Augenblick mehr als ungemütlich fühlten. Unter dem Einfluß der Kriegspropaganda, unter welcher wir alle damals standen, glaubten wir, daß die Deutschen uns keinerlei Gnade zeigen würden.

Mein Steward, ein Kammerdiener im Zivilleben, wählte diesen etwas kitzligen Moment, um zu sagen:

„Ich fürchte, Sir, daß ich ihre Kabine in fürchterlichem Zustand zurückgelassen habe."

Im gleichen Augenblick feuerte das U-Boot, und zu unserer unsäglichen Erleichterung hörten wir das Geschoß über uns hinweggehen, sahen es unser Schiff irgendwo im Bug treffen und mußten erleben, wie es in zwei Teile brach und senkrecht in die Tiefe ging.

Dann kam das U-Boot auf uns zu und fragte nach dem Kapitän, eine Ehre, auf die ich in diesem Augenblick keinerlei Wert legte. Und sicherlich sah ich ohne Mütze, ohne Rock, Kragen oder Schlips, nur mit einem Paar sehr schmutziger blauer Hosen bekleidet, mehr wie ein Landstreicher aus als wie ein Schiffskapitän. Aber es gab keinen Ausweg für mich, also ruderten wir längsseit. Ein junger Offizier machte mich mit der unangenehmen Tatsache bekannt, daß ich nun ein Gefangener sei. Dann wurde ich durch den Turm zum Kommandanten gebracht, welcher mich fragte, ob ich irgendwelche Waffen oder Papiere bei mir trüge, was ich verneinte. Unter dem Propagandaeinfluß stehend, glaubte ich, daß ich nun zur sofortigen Hinrichtung abgeführt werden würde, und traute daher meinen Ohren nicht, als ich ihn sagen hörte: „Kommen Sie, Kapitän, und stärken Sie sich mit einem Trunk!" Da ich taktvoller Natur war, nahm ich ihn.

Von nun an lebte ich 19 Tage als Gefangener an Bord „U 62" und wurde nur freundlich behandelt. Ich bekam so viele Zigaretten wie ich wollte, lebte in der Offiziersmesse mit, hatte eine gute Schlafkoje und, was noch mehr war, höfliche und rücksichtsvolle Behandlung. Während der Zeit, als ich Gefangener war, wurden ungefähr sechs Dampfer und sechs Segelschiffe versenkt. Die ersteren durch Torpedo, die letzteren durch Geschützfeuer oder Explosivstoffe, nachdem die Besatzungen die Schiffe verlassen hatten. Der Vorgang des Torpedierens, was hauptsächlich nachts geschah, war sehr interessant. Das U-Boot kreuzte an der Oberfläche, bis ein Schiff gesehen wurde. Da es tief im Wasser lag, blieb es auf große Entfernung für andere Schiffe unsichtbar. Mit höchster Geschwindigkeit lief das U-Boot so weit vor, bis es richtig vor seinem Opfer lag, dessen Kurs und Fahrt es sorgfältig beobachtete und notierte. Wenn es dann die richtige Position erreicht hatte, tauchte das U-Boot, ab und zu das Periskop ausfahrend, um seinen Kurs zu korrigieren. Nachdem alle Berechnungen gemacht waren, stand es einige hundert Meter vor dem Bug seines Opfers und torpedierte. Ich konnte von meiner Schlafkoje aus die Torpedorohre sehen, die von der Mannschaft umgeben waren. Das Boot kroch langsam, unerbittlich und lautlos näher, dann kamen kurze Befehle der Offiziere, es folgte ein Ruck im Boot, als der Torpedo das Rohr verließ, ein kurzer Augenblick und dann die Explosion, wenn der Torpedo sein Ziel erreicht hatte.

Was für merkwürdige Dinge interessierten mich in dieser Zeit! Ein Unteroffizier, der nachts eine Bartbinde trug, um seinem Bart eine schöne Form zu geben! Der Doktor, der sich einen Bart stehen ließ, seit er den Hafen verlassen hatte. Daraus errechnete ich mir die Zeit, wie lange das U-Boot schon unterwegs sein mußte. Und meine Freude, als mir eines Tages ein Offizier, nach Versenkung eines Schiffes, zwölf amerikanische Magazine zum Lesen brachte! Die rationierte ich mir, indem ich mir vornahm, immer nur ein halbes pro Tag zu lesen.

Aber einmal wäre beinahe die Laufbahn dieses U-Bootes und damit auch mein Leben zu einem jähen Ende gekommen. Es war ein diesiger Morgen, ich war auch an Deck, als plötzlich ein englischer Zerstörer aus dem Nebel auftauchte. Er feuerte auf uns, und wir stiegen hastig durch das Turmluk ein, tauchten und krochen unter Wasser davon. Bald kam Explosion auf Explosion, näher und näher, und dann so nahe, daß das Boot entsetzlich davon erschüttert wurde. Ich war mir vollkommen klar, daß wir erledigt waren, wenn die nächste noch näher fiel. Mitten in dieser natürlichen Angst tauchte die wunderliche Frage in mir auf, ob wohl die nächste Bombe, die auch mein Haupt treffen würde, von meiner eigenen Frau gemacht war, die zufällig zu der Zeit in einer der größten Munitionsfabriken Großbritanniens arbeitete! Aber immerhin, die nächste war entfernter, und bald waren wir in Sicherheit.

Nach neunzehn Tagen kehrten wir durch den Kanal nach Deutschland zurück, nachdem noch ein englisches Unterseeboot ohne Erfolg einen Torpedo auf uns abgeschossen hatte. Zum Schluß erreichten wir Helgoland, ich wurde durch die Hafenanlagen auf ein Torpedoboot geführt, welches mich nach Wilhelmshaven brachte. Nach dem Kriege habe ich gehört, daß meine Besatzung einen Tag nach der Vernichtung von „Q 12" aufgefischt und gut in dem nächsten englischen Hafen gelandet ist."

Mimikry

Die Natur ist weise genug, ihren unschuldigen Kindern nicht nur Waffen der Vernichtung in die Hand zu geben, sondern sie auch mit Verteidigungsmitteln auszustatten und mit Eigenschaften, die ihnen einen Schutz bieten gegen die sie ständig umgebenden Gefahren.

Die platt auf dem Grunde liegende Scholle „verschwimmt" durch ihre Sprenkelung fast ganz mit dem bunten Meeressand ihrer Umgebung. Delphine und fliegende Fische mit ihren blauschwarzen oder grünlichen Rücken und silbrigen Flanken nutzen in höchst geschickter und ganz verblüffender Weise die wechselnden Licht- und Schattenwirkungen des Wassers aus. Der Eisbär hat nicht umsonst sein helles Fell. Auch das schöne Weiß und Silbergrau der Möwe hat seinen tieferen Sinn. Wie ein moosüberwucherter Eichenstamm lauert der Riesenwels, vergraben im Schlammbett des Sees, und läßt seine Bartfäden verführerisch wie lebendige Würmer über sich spielen, um die Beute in die Nähe seines gefährlichen Schlundes zu locken...

Es sind die natürlichen Waffen von Lebewesen im Kampf ums Dasein, die Mimikry, oder auf deutsch: die Anpassung, die Verschleierung, Tauschung und Unsichtbarmachung zum Zwecke des Angriffs und der Verteidigung. Die Engländer und Franzosen nannten das „Camouflage".

Viele Tiere zeigen weißliche oder doch hellere Farben in ihrem Äußeren. Das hat seinen guten Grund. Denn so seltsam es klingen mag, gerade hellere Farben sind auch selbst auf dunklem Hintergrunde oft schwer sichtbar. In der gegenseitigen Überstrahlung und Überschattung, in der Vereinigung der beiden entgegengesetzten Farben liegt ihre Stärke, ihre Unsichtbarkeit im ganzen.

Besonders die Schwachen liebt die Natur auf solche Weise zu schützen. Nur der Mensch allein ist von dieser Gnade ausgeschlossen. Dafür gab die Natur ihm als Ausgleich außer seinen Sinnen noch den Verstand. Aber zu seinem Entsetzen sieht er, daß diese im Kampf gegen die Naturgewalten nur eine schwache Waffe sind. Wie ist es sonst möglich, daß die Ausguckposten der „Titanic" in der Nacht den weißgrünlichen Eisberg übersahen oder besser, überhaupt nicht sahen, der am Morgen nach der Katastrophe hoch aufgetürmt und schneebedeckt in der Nähe des unglücklichen Schiffes herumschwamm?

Camouflage, rein menschlich und seelisch genommen, ist im Grunde genommen so alt wie die Menschheit selbst, ist Verschleierung und Tauschung, ist Verstellung und der Wille, sich unsichtbar zu machen in seinen Handlungen vor dem Auge des anderen. In der Politik feiert sie ihre größten Triumphe. Auch im Kriege hat sie von jeher eine große Rolle gespielt. Am erfolgreichsten waren darin im letzten Kriege bei unseren Feinden die U-Boots-Fallen, bei uns die verkappten Hilfskreuzer wie die „Möwe" und der „Wolf". Hätten wir nur Hunderte von ihnen auf die Meere geschickt!

Rein materiell gesprochen, verstand man unter Marine-Camouflage den phantastischen und verschiedenfarbigen Anstrich der Schiffe. Es war schwierig, das richtige System dafür zu finden. Schon sehr bald nach Ausbruch des Krieges begann auf beiden Seiten das Versteckspielen. Aber für ein Schiff auf freiem Meer schien es fast unmöglich, sich zu verstecken, da keinerlei Deckung vorhanden ist, auch kein gleichmäßiger Hintergrund, an den man sich anpassen könnte. Der Himmel ist doch hell und dunkel, grau oder blau und spielt überhaupt in allen Farben und Lichttönen. Und die Tiere auf der Oberfläche des Meeres, die man studieren könnte, sind auch selten. Einige Vögel, Albatrosse, Möwen, Taucher, ein herausspringender Delphin oder die gummiartig schwabbende Rückenflosse eines Haifisches. Als der „unsichtbarste" Seevogel gilt der antarktische Walvogel. Seine Farbe ist ein seltsames, wunderschönes Blaugrau, das sich fast ganz dem durchsichtigen Blau des Horizontes anpaßt.

Auf der Seite der Alliierten ging man dem Problem der „Unsichtbarmachung" energisch zu Leibe. Man suchte, forschte und experimentierte und brachte es im Laufe der langen Kriegsjahre auch hierin zu interessanten Resultaten. Daß ein Schiff wirklich nur durch seine Bemalung seinem Schicksal entgangen ist, läßt sich natürlich schwer nachweisen. Eher das Gegenteil. Denn es sind trotz des verwirrenden Anstriches viele Dampfer torpediert worden. Aber es wird auch eine gute Anzahl im ersten Augenblick — und dieser genügte vielleicht, um zu entkommen — das deutsche U-Boot eben durch ihre Mimikry getäuscht haben. Man wollte ja siegen und arbeitete daher mit allen, auch den kleinsten Mitteln.

Im New Yorker Aquarium konnte man an einem Tage des Jahres 1917 einige höchst neugierige und sehr interessierte Beschauer vor einem Bassin stehen sehen. Darin schwammen Miniaturmodelle von U-Booten. Das Wasser war verschieden gefärbt und auch von wechselnder Klarheit, aber immer gleichmäßig beleuchtet. Das Resultat dieser Versuche, die später in freier See und mit größeren Objekten fortgesetzt wurden, war, daß ein U-Boot, das unten hell war, an seiner Oberfläche in Streifen gemustert wurde und an seinen Flanken geschickt angebrachte „Gegenschatten trug", für ein suchendes Flugzeug, wenn das U-Boot etwas unter der Oberfläche war, nahezu unsichtbar blieb. Eine interessante Entdeckung.

Mit „U 62" machten wir selbst einmal eine ähnliche Probe in dem sehr klaren und durchsichtigen Ozeanwasser um die Azoren. Wir wollten am anderen Tage dicht an den Hafen von Ponta Delgada heran, wußten aber, daß dieser stark durch Bombenflieger und U-Boots-Jäger gesichert war. Unser Boot hatte nur schwache Camouflage. Einige schwarze Längsstreifen über hellem Grau. Aber das Meer betrachtete uns wohl als ein zu ihm gehörendes „Lebewesen" und hatte uns daher von selbst schon etwas „angepaßt". Durch die Farbe auf den Eisenteilen des Bootes sah der rotbraune Rost, und eine gewisse durch die Arbeit der See erzeugte Unordentlichkeit über Deck mag eine unfreiwillige Mimikry gewesen sein. Wir wollten überhaupt einmal sehen, ob man vom Ruderboot aus — ein Flugzeug hatten wir zu solchen Versuchen ja leider nicht bei uns — etwas sehen konnte vom getauchten U-Boot.

Eines schönen Tages — die See war spiegelglatt — setzten wir noch weit aus Sicht der Inseln Leutnant z. See Illing und einen Matrosen in unser Dingi, fuhren dann fort und tauchten. Dann liefen wir mit hoch ausgefahrenem Sehrohr auf das Dingi zu, zogen das Periskop im letzten Augenblick ein und passierten unter dem Dingi auf 12 Meter Tiefe. Gleich darauf wiederholten wir dasselbe Experiment noch einmal auf 20 und 30 Meter Tiefe. Ein richtiges Bild gab dieser Versuch allerdings nicht. Denn selbstverständlich sah man aus der Höhe eines Flugzeuges viel tiefer unter die See als vom kleinen Ruderboot aus. Aber was Illing erzählte, als wir ihn wieder an Bord hatten, war doch ganz interessant. Auf 12 Meter Tiefe hatte er, über den Rand des Bootes gebeugt, das U-Boot in seiner ganzen Länge noch genau sehen können. Auf 20 Meter nur noch als sehr undeutlichen, langen Schatten, auf 30 Meter Tiefe blieb es unsichtbar. Es war also anzunehmen, daß wir von einem Flieger auf dieser Tiefe noch entdeckt werden konnten. Unheimlich sei es gewesen, das Brummen des Bootes aus der Tiefe zu hören. Auch noch aus 20 Metern sei ein Brausen und Rauschen heraufgedrungen bis über die Oberfläche. Illing freute sich, als er wieder bei uns an Deck stand und meinte, daß es für sie beide ein höchst seltsames Gefühl gewesen sei, plötzlich allein im weiten Ozean zu schwimmen in ihrer kleinen Nußschale.

Aber die Hauptsache für unsere Feinde war ja nicht, die eigenen U-Boote unsichtbar zu machen, sondern ihre Truppentransporter und überhaupt alle ihre Handelsschiffe möglichst gegen Sicht zu schützen. Und das war um so schwieriger, als die Schiffe ja nicht durch einen dunklen Hintergrund geschützt waren oder durch eine Mischung von Himmel und Wasser, sondern vom Sehrohr des U-Bootes aus gesehen frei gegen den unbarmherzigen Himmel standen, wenn sie nicht, wie es bei sehr großen Entfernungen der Fall war, noch durch einen Vordergrund von Wasser verdeckt waren.

Es war in der Tat ein sehr schwer zu lösendes Problem. Die Schiffe sollten durch ihre Bemalung nicht nur schlecht sichtbar sein, sondern das verfolgende U-Boot auch irreführen und täuschen, es auch in größerer Nähe noch verwirren und blenden. Gerade auch auf diesem Gebiete sind die Amerikaner, denen die ganzen durch den Krieg ungestörten Hilfsmittel einer modern organisierten technischen Wissenschaft zur Verfügung standen, bahnbrechend geworden. Bald hatte man durch Versuche sehr befriedigende Resultate erreicht. Das drückte sich unter anderem auch dadurch aus, daß die Versicherungsgesellschaften einen Aufschlag von 50 v. H. auf die Prämie forderten für „all uncamouflaged merchant steamers" im transatlantischen Dienst. Und die oberste Schiffahrtsbehörde setzte vier verschiedene Systeme fest, nach denen der Anstrich der Schiffe zu erfolgen hatte. Der Handelskapitän konnte sich eines davon, das ihm am meisten lag, auswählen. Außerdem versuchte man, sich auf alle mögliche sonstige Weise zu „verstecken". Die Schornsteine wurden gekürzt, wenn möglich nur ein Mast beibehalten — das erschwerte dem U-Boot das Kursschätzen —, und die Maschinisten mußten lernen, rauchlos zu fahren. Aber die Praxis machte doch immer wieder trotz aller Versuche und Erfolge einen Strich durch die Rechnung. Denn keine noch so geschickte Bemalung und keine Kombination von Farben eignete sich gleichmäßig gut für alle die verschiedenen Beleuchtungseffekte von Himmel und Wasser zu verschiedenen Tageszeiten.

Auch das Wetter und die Jahreszeit spielten dabei eine Rolle. Im Mittelmeer mußte man sich anders „kleiden" als in den Gewässern um England. Das Prinzip blieb immer, in sich verwandte Farben scharf gegeneinanderzusetzen, „gegenzuschatten", abzustufen, nicht etwa die Farben zu vermischen oder zu verwischen. Einfarbigkeit war nachteilig. Bei allen Systemen blieb immer das Ziel, uns U-Boote über Größe, Entfernung, Schnelligkeit und Kurs des Schiffes zu täuschen. Alle diese Kenntnisse, bzw. diese Schätzungen brauchten wir ja für den Ansatz des Angriffs und den Schuß. Eine künstliche Bugwelle tat hierbei gute Dienste, ebenso wie ein scheinbar verkürzter Schiffskörper. Die richtige Perspektive mußte man stören und den bösen Deutschen hinter dem Sehrohr gänzlich wirre machen dadurch, daß man bei den Schiffen alle senkrechten Linien verschleierte und die rechten Winkel verschwinden ließ.

Eine listige Idee war auch der „gemalte Konvoi". Verschiedene Transporter, unter ihnen auch der frühere deutsche Dampfer „Von Steuben", hatten auf ihre Bordwand einen Zerstörer aufgemalt. Damit fuhren sie frech und gottesfürchtig über den Atlantik und täuschten sogar die britischen Bewachungsschiffe, als sie in die Nähe der englischen Küste kamen. Daß wir uns ins Fäustchen lachten, wenn wir so einen „gemalten" Zerstörer trafen und ihn samt seinem Träger mit besonderer Befriedigung unter die See beförderten, kann man sich denken.

Einmal habe ich selbst mit „U 62" deutlich erfahren, daß solche Bemalung auf gewissen Entfernungen und bei bestimmten Beleuchtungsverhältnissen tatsächlich irreführte.

Es war an einem dunstigen Sommertag mitten im Atlantik, etwa auf der Höhe der Nordküste Spaniens. Eigentlich hatten wir an dieser Stelle nichts zu erwarten. Daher war sogar außer dem Turmluk ein zweites Luk im Vorschiff geöffnet, um mehr Luft und Sonne ins Boot zu lassen. Plötzlich schrie die Wache vom Turm: „Vier Strich an Steuerbord zwei große Kriegsschiffe!" Wir waren völlig unvorbereitet und glitten buchstäblich „im Sturzflug" unter die See. Es war höchstens 8000 bis 10000 Meter sichtig. Das ist auf See nicht einmal so sehr weit. Und zwei Kriegsschiffe auf einmal! Donnerwetter! Wir träumten schon von einer Dublette und machten, daß wir schleunigst auf Tiefe kamen. Denn sehen durften die uns hier draußen keinesfalls zuerst, wenn wir erfolgreich zum Angriff kommen wollten!

Als die erste Aufregung vorbei war und wir glücklich unter Wasser waren, suchten wir mit dem Sehrohr, konnten aber für ganze fünf Minuten überhaupt nichts entdecken. Schließlich kam dann im Osten ein merkwürdiger Fleck aus dem Dunst. Zuerst glaubte auch ich an Kriegsschiffe. Dann schienen es zwei Fahrzeuge zu sein, welche, obgleich sie anscheinend ganz verschiedene Kurse steuerten, immer dicht beieinander blieben. Ganz verrückt sah das aus, so etwa wie siamesische Zwillinge. An Kursschätzen war noch gar nicht zu denken. Schließlich konnte ich deutlicher sehen und erkannte einen Schornstein und vier Masten. Ein Dampfer! Ein Truppentransporter! Mit äußerster Kraft kamen wir gerade eben noch heran, um den Torpedoschuß abgeben zu können. Er traf die „Ausonia" von der Cunard Line. Vielleicht hätte nur eine Meile tiefer drin im Dunst des Horizontes das Schiff überhaupt vor unseren Blicken verborgen. Denn ganz zweifellos hatte nur die Camouflage des Schiffes bewirkt, daß uns die sich annähernde „Ausonia" solange verborgen geblieben war. Die Verwirrung aller Winkel und geraden Linien des Schiffes hatte die Täuschung von „zwei Kriegsschiffen" hervorgebracht.

Aber das interessanteste Gebiet der Camouflage liegt nicht in der Bemalung der Schiffe oder überhaupt in der Verschleierung der gegenständlichen Dinge, sondern in der Verhüllung der eigenen Gedanken, in der Unsichtbarmachung der Ideen, in der geschickten Ausnutzung einer zufälligen Chance, in Scheinangriffen und Täuschungsmanövern und in den Gegenmaßnahmen, welche man selbst trifft, um die Pläne des Gegners zu durchkreuzen.

Man spricht viel von der überlegenen Technik im letzten Kriege, von erdrückenden Massenangriffen, von Materialschlachten usw. Und davon, um wieviel furchtbarer noch in einem kommenden Kriege die technischen Waffen wirken würden. Das hat etwas Wahres in sich. Aber die Technik allein ist tot. Immer und überall sind es der Menschengeist, sein Grübeln und Denken, seine weitausgreifenden Pläne, seine Vorstellungskraft und seine Verstellungskünste, die die Materie und die Schlachten regieren und letzten Endes über Sieg oder Untergang entscheiden. Das war schon so vor Tausenden von Jahren, und keine Technik wird es in Zukunft ändern.

Camouflage ist auch nichts Schimpfliches oder Unmännliches. Oft genug gehört eine ungeheure Willenskraft und Kühnheit des Geistes dazu, sie mutig und entschlossen anzuwenden. Viele große Kriegserfolge gehen auf ihr geheimes Wirken zurück. In Strategie und Taktik ist sie eine vielleicht oft unbewußte, immer aber eine stets gegenwärtige, sehr bewegliche, versteckte und, wenn sie im rechten Augenblick und geschickt angewandt wird, auch außerordentlich wirkungsvolle und oft entscheidende Waffe.

Auch in der einzigen großen Seeschlacht dieses Krieges, der Skagerrakschlacht, hat sie eine gewisse Rolle gespielt. Als die deutsche Flotte aus den Flußmündungen auslief, vertauschte das Flottenflaggschiff „Friedrich der Große" sein funkentelegraphisches Anrufsignal mit dem der Signalstation auf der „Dritten Einfahrt" in Wilhelmshaven. Allein diese an sich sehr einfache, aber geschickte Maßnahme genügte, um das Auslaufen der deutschen Flotte vor dem Feind geheim zu halten. Noch am Mittag des 31. Mai vermuteten die Engländer infolgedessen die deutsche Schlachtflotte auf der Jade, und die ganze Schlacht wäre vielleicht ganz anders verlaufen, wenn Jellicoe gewußt hätte, daß Scheer ihm schon entgegenfuhr.

Auch im U-Boots-Kriege bedienten wir uns solcher indirekter Waffen, wo immer es möglich war. Seine eigenen Pläne verhüllen, den Feind irreführen, ihm seine Pläne entlocken, rechtzeitige Abwehrmaßnahmen treffen, alles sehen und niemals sich selbst sehen lassen, sich „anpassen" an die augenblickliche Situation und doch Herr seiner Entschlüsse bleiben, immer das tun, worauf der Gegner nicht gefaßt ist, alle Chancen ausnutzen für die eigene Sicherheit und doch hineinfahren mitten in den Feind, das war unsere Mimikry, unsere tägliche und stündliche Camouflage.

Schon beim Auslaufen aus der Deutschen Bucht und bei der auf der Karte so gefahrlos aussehenden Fahrt oben um England zeigte es sich deutlich an den Erlebnissen der einzelnen Boote, wer „neu" war oder wer die Listen und Tücken der Feinde schon am eigenen Leibe gespürt hatte und Gegenmaßnahmen traf. Wer Glück hatte, konnte seinen Kurs aus der Deutschen Bucht direkt auf die Durchfahrt bei der Insel Fair (zwischen den Orkneys und den Shetlands Inseln) absetzen. War schlechtes Wetter, oder wurde es unsichtig, so konnte es sehr wohl passieren, daß überhaupt kein feindliches Schiff gesichtet wurde. Das war ja eine leichte und ganz gefahrlose Sache! Einige Tage später folgte ein anderes Boot auf demselben Wege. Man hörte noch seine Standortmeldung kurz vor Mukkle Flugga, der Nordspitze der Shetlands Inseln. Von da ab blieb es still. Vermißt, verschollen auf der Fahrt um England hieß es, als man Wochen vergeblich gewartet hatte. Die Ursache blieb unbekannt.

Klüger war es, die Passage auf einem Kurse anzunehmen, auf dem nach Lage der Dinge ein deutsches U-Boot nicht zu erwarten war, also auf keiner direkten Verbindungslinie mit der Deutschen Bucht, sondern auf der Ausfahrt etwa von Norwegen, auf der

Rückkehr von Amerika kommend. Denn natürlich lauerten uns die Engländer an solchen Stellen auf, welche wir mit hoher Wahrscheinlichkeit passieren mußten. Tat man dem Feind diesen Gefallen, so konnte man sich mit Sicherheit auf ein Trommelfeuer von Wasserbomben, auf Jagen durch Zerstörer und Flieger und andere unangenehme Überraschungen gefaßt machen. An solchen Stellen betätigte sich auch mit besonderer Vorliebe unsere „Konkurrenz", die englischen U-Boote. Solange sie unter Wasser fuhren, blieben sie von selbst unsichtbar. Nur das Sehrohr ragte über die Oberfläche und zog ein kleines Kielwasser hinter sich her. Starr und unbeweglich wie die bösen Lichter eines Krokodils hing das englische U-Boots-Auge über der See, gierig auf Beute. Wie oft haben wir treibende Hölzer, Wrackstücke oder die Rückenflosse eines Delphins für ein feindliches Sehrohr gehalten! Zuweilen war es auch umgekehrt. Dann schwamm da irgend etwas auf der See, und bevor wir es deutlicher erkannt hatten, rasten schon die gefährlichen Blasenbahnen auf uns zu. So manches deutsche U-Boot hat ihnen nicht mehr ausweichen können.

Beim Kampf U-Boot gegen U-Boot kam alles darauf an, den anderen zuerst zu sehen. Die englischen U-Boote blieben daher tagsüber unter Wasser, in der Hoffnung, daß wir ihnen in die Arme laufen würden. Aber zuweilen wurde ihnen das zu langweilig. Dann tauchten sie auf und setzten ein Segel, um uns zu täuschen. Wir besahen uns dieses „Fischerfahrzeug" am Horizont. Mit einem Male war es verschwunden, wie weggewischt von der See. Diesen „tauchenden Seglern" gingen wir lieber in weitem Bogen aus dem Wege.

Auch ein deutsches U-Boot mußte sich einmal in einen Segler verwandeln, um seinen Feinden zu entgehen. Am 23. Juli 1916 erlitt „UC 6" nur 17 Seemeilen von der englischen Ostküste entfernt, nicht weit von der Themsemündung, einen Maschinenbruch. Es war frühmorgens, und das Boot war vor einer Stunde noch in der Dunkelheit an einem englischen Zerstörer dicht vorbeigerutscht. Jeden Moment konnte der Feind irgendwo am Horizont wieder auftauchen. So machte der Kommandant „klar zum Sprengen", um sein Boot bei Überraschungen nicht in Feindeshand fallen zu lassen. Dann wurde überlegt. Was war zu tun? Eigentlich gar nichts. Das Boot war havariert und nahezu bewegungsunfähig. Hilfe war nicht in der Nähe. Eine ganz verzweifelte Lage, aus der es kein Entrinnen zu geben schien. Da fuhr unseren U-Boots-Männern der frische Nordwestwind unter die Nase, der ihr Boot von der Küste abtrieb, und sie kamen auf den Gedanken, sich ein Segel zu konstruieren. Da zu der Ausrüstung eines U-Bootes ein Segelsatz im allgemeinen nicht gehörte, stieß die Ausführung dieser Idee zunächst auf Schwierigkeiten. Aber die Not machte erfinderisch. Mit Hilfe der vorhandenen Decksbezüge und aus allerlei Segeltuchlappen, die in aller Eile aneinandergenäht wurden, entstand ein Segel, das am ausgefahrenen Sehrohr gesetzt wurde. Der glücklicherweise an Bord vorhandene Bootshaken mußte als „Spinnakerbaum" dienen. Damit konnte man vielleicht bei achterlichem Wind ganz gut vorwärtskommen und nebenbei noch den englischen Freunden ordentlich etwas vor„bluffen". So segelten sie los, die Männer von „UC 6", mit einem grimmigen Lachen im Gesicht über diese „Mimikry" und mit dem eisernen Willen, sich, wenn es auf sie allein ankam, nicht unterkriegen zu lassen.

Mit zwei bis drei Seemeilen Fahrt in der Stunde ging es auf die Reise. Ab und zu tauchten am Horizont englische Bewacher auf, glücklicherweise nicht so nahe, daß sie sich veranlaßt fühlten, diesen kleinen „schäbigen Segler" einmal näher zu untersuchen. Dann kam bald Nordhinder Feuerschiff in Sicht und gleich darauf ein U-Boot, das zuerst als ein deutsches angesprochen wurde. Aber als es auf 1000 Meter herangekommen war, tauchte der unbequeme Vetter plötzlich unter. Er hatte wohl etwas gemerkt und wollte sich den „Segler" mal unter Wasser näher ansehen. Das ließ „UC 6" sich nicht zweimal sagen und verschwand nun auch seinerseits schleunigst von der Bildfläche. Das schnelle Bergen des Notsegels hatte man vorher schon fleißig geübt, so daß das Tauchmanöver nur knapp eine Minute in Anspruch nahm. Dann trieb „UC 6" unter Wasser mit dem Strom weiter dem Kanal zu. Nach Einbruch der Dunkelheit wurde wieder aufgetaucht. Der Wind hatte mehr aufgefrischt, und „UC 6" segelte während der Nacht mit „Vollzeug" nach Süden. Inzwischen war Nebel aufgekommen, der auch am nächsten Morgen noch anhielt. Unter seinem Schutz kam das Boot bis in die Nähe des Schouwenbank-Feuerschiffes, dessen Nebelsignale plötzlich herüberdröhnten. Im gleichen Augenblick wurde wieder ein U-Boot gesichtet. Diesmal war es ein befreundetes, „U 19", das auf der Ausreise begriffen war. Schnell wurde eine Schlepptrosse herübergegeben, und nun fuhr „UC 6" im Schlepp von „U 19" den letzten Teil seiner Fahrt der Flandernküste zu. Am gleichen Abend lief das Boot glücklich in Zeebrügge ein. Die unter Segel zurückgelegte Strecke betrug 52 Seemeilen.

Es war jedesmal eine zwar etwas kitzlige, aber doch hochinteressante Angelegenheit, wenn wir auf hoher See mit einem feindlichen U-Boot, das über Wasser fuhr, zusammentrafen. Wir kannten uns gegenseitig, ohne uns zu kennen, nur zu gut. Aber gerade deswegen waren beide Teile mißtrauisch. Das erste Erkennen war oft schwierig, da alle U-Boote sich namentlich von weitem wie ein Ei dem ändern glichen. Auch in ihrem eigentlichen innersten Wesen waren alle U-Boote, ob deutsche oder englische, einander verwandt. Das gleiche Meer, das uns trug, uns schützte und bedrohte. Die gleiche Abhängigkeit von der technischen Treue des Bootes und der Besatzung. Das gleiche Ringen um Luft und Licht, dieselbe Schicksalsverbundenheit und feste Kameradschaft zwischen Offizier und Mann. Ein englischer Schriftsteller spricht einmal über diese, allen U-Booten gemeinsamen Charakterzüge und meint zum Schluß sehr humorvoll: „U-Boote sind wie Katzen. Sie sagen niemals, mit wem sie in der letzten Nacht zusammen gewesen sind, und sie schlafen so viel, als sie können."

Sehr oft waren es in gefährlichen Situationen unsere Leute, ein einfacher Matrose oder Heizer, die im Augenblick das richtige Stichwort gaben. „U 86" passierte einmal in dunkler Nacht die Sperre Dover—Calais. Gerade war das Boot im allerletzten Moment einer riesenhaften Boje (wohl eine von denen, die die schwere Balkensperre trugen) ausgewichen, als der wohlbekannte und gefürchtete „Zerstörerschatten" an Backbord erschien. Für Tauchen war es zu spät. Außerdem waren hier sicher tieferstehende Minen. Da ruft irgendeiner instinktiv und blitzartig das Richtige: Positionslaternen setzen und „harmlos tun"! Und grell blendet plötzlich ein rotes Licht dem Zerstörer in die Augen. Gleichzeitig morsen die Deutschen ein schlecht ablesbares „Erkennungssignal". Der Tiger ist schon auf dem Sprunge gewesen und zieht seine Krallen wieder ein. Das war wohl eines von den Patrouillenbooten, welches sich dem Zerstörer als „Freund" zu erkennen geben wollte! Und U-Boot und Zerstörer brausen dicht aneinander vorbei.

Immer und in erster Linie kam es darauf an, eine Situation schnell zu erfassen und durch rasches Zugreifen Vorteile aus ihr zu ziehen. Rose, der Amerikafahrer, hat mit „U 53" einmal einen Dampfer durch Funkentelegraphie versenkt.

Artilleriegefecht an der Nordküste Irlands. Der Dampfer flieht, will nicht klein beigeben, macht SOS und gewinnt funkentelegraphische Verbindung mit „Malin Head", einer Küstensignalstation in Nord-Irland. „U 53" hört mit gespannter" Aufmerksamkeit zu und quetscht dann so lange an dem Kondensator seines eigenen Senders herum, bis er den „Ton" der Signalstation, der tief und brummend war, ungefähr nachmachen konnte. Dann funkt das U-Boot in dem Tempo der Küstenstation an den Dampfer.

„Leave your ship, before boats are damaged." „Verlassen Sie Ihr Schiff, bevor die Boote beschädigt sind!"

Unterschrift: Malin Head.

Der Dampfer stoppte sofort, hörte auf zu schießen und ergab sich.

Auch die große Natur selbst ist ja sehr erfinderisch und voller Kühnheit. Alles in ihr ist Leben und Kampf. Sie lockt und verführt, verteidigt und tötet und gaukelt dem Menschen die Fata Morgana über den Horizont, jene trügerischen Luftgebilde, die wie zarte Pastellbilder in der Luft schweben und die Phantasie des Seemannes in die Ferne locken.

Wieder einmal, wie so oft in den vier Kriegsjahren, hatten die Parzen beschlossen, unseren Lebensfaden abzuschneiden. Aber sie hatten mit der Laune der Natur nicht gerechnet, der es gefiel, uns durch eine raffinierte Camouflage am Leben zu erhalten.

Es war ein Sommertag vor Gibraltar. „U 62" kam von Norden herunter und sollte sich weit draußen im freien Ozean, 160 Seemeilen westlich von Gibraltar, mit zwei deutschen Unterseebootskreuzern treffen, welche von Monrovia heraufkamen. In der Nacht vorher hatten wir die funkentelegraphische Verbindung miteinander hergestellt und in kurzen Signalen für den nächsten Tag 7 Uhr abends einen Treffpunkt verabredet.

Nun steuerten wir auf diesen Punkt zu. Es war noch eine halbe Stunde Zeit, und bald mußten die U-Kreuzer irgendwo über den Horizont kommen. Das Wetter war schön. Soweit kein Dienst unter Deck sie hinderte, waren alle Leute oben und sahen sich die Augen aus nach unseren „dicken" Freunden. So ein Treffen in See mit befreundeten U-Booten ist immer eine höchst interessante Sache. Man kann wichtige Nachrichten austauschen und sich mit Proviant aushelfen. Vor allem aber sollten die U-Kreuzer, die auf der Heimreise waren, ihre nicht verschossenen Torpedos und das entbehrliche Treiböl an uns abgeben, damit wir dann um so langer in See bleiben konnten. In einer der nächsten Nächte sollte irgendwo in einer einsamen Bucht der Küste die Übergabe stattfinden. Aber das Meer ist groß und weit. Und es ist natürlich für niedrige Fahrzeuge, wie U-Boote es sind, besonders schwierig, sich überhaupt erst mal gegenseitig zu finden.

Schon lange hatten wir mit vielen scharfen Gläsern vergeblich herumgesucht am Horizont, als ein Matrose rief: „Sechs Strich an Steuerbord weiße Sterne!" Wir sahen gespannt in die Richtung. Tatsächlich glitzerte da etwas über der See, was wie weiße Sterne aussah. Vielleicht wollten die U-Kreuzer dadurch unsere Aufmerksamkeit auf sich lenken?

Wir drehen also auf den neuen Kurs, der allerdings ein gutes Stück an dem verabredeten Treffpunkt vorbeiführt. Etwa 20 Minuten sind wir gefahren, als plötzlich vor uns die dunklen Rücken einer großen Herde von Walfischen über der Oberfläche auftauchen, die hohe, in der Sonne glitzernde Wasserfontänen aufschießen lassen. Das also waren die „weißen Sterne" gewesen!

Sofort werfen wir das Boot wieder herum und steuern nun erneut dem eigentlichen Treffpunkt zu. Im gleichen Augenblick steigt eine hohe Sprengwolke an der Kimm aus der See. Was war das? Hier im weiten Ozean eine Detonation? Irgend etwas schrickt zusammen in uns. Oder sollten die U-Kreuzer etwa mit ihren 15-cm-Geschützen geschossen haben, um sich bemerkbar zu machen?

Bald kommt die Lösung des Rätsels.

Ein Funkspruch von einem der U-Kreuzer an uns:

„Achtung! Feindliche U-Boote!"

Der andere, „U 154", war von einem englischen U-Boot genau auf dem Treffpunkt abgeschossen worden und mit Mann und Maus in der von uns gesichteten Sprengwolke versunken.

Gut, daß die Walfische dagewesen waren mit ihren „weißen Sternen", sonst hätte Deutschland an diesem Tage wohl mehr als ein U-Boot verloren.

Fragen aus der Tiefe

Auf dem Grunde des Meeres. — Im Halbdunkel tastet sich der Fuß durch langgestreckte, enge Räume. Eine schwere, stickige Luft lastet auf der Lunge und macht das Atmen mühsam.

Wenn der Schritt anhält, ist es still, totenstill. Die Uhr geht auf vier. Also muß es noch Nacht sein, oben, wo Luft und Leben ist.

Auf dem Meeresboden ist ewige Nacht. Wie Blei legt sich die Abgeschiedenheit auf Boot und Besatzung. Die „Welt" ist fern. Fern und versunken Leben und Kampf. Schweigen und Schlaf, traumloser U-Boots-Schlaf.

Irgendwo schlägt dumpf eine der schweren Schottüren ins Schloß und überträgt dem Trommelfell ein leichtes Zittern der eingeschlossenen Luft. Pipp—pipp—pipp— fallen die Tropfen von den Wänden ins Dunkel. Weit vorn halblaute Menschenstimmen, die fremd klingen in der drückenden Stille. Können Menschen denn leben und atmen hier unten? Seltsam ist das alles. Seltsam diese Rohrleitungen, die sich wie Schlangen winden, diese offenen Mäuler der großen Sprachrohre. Was wollen alle diese Zeiger und Zahlen, diese Räder und Rohre? Ist eine Kraft in ihnen, können die Sprachrohre sprechen mit menschlichen Stimmen? Werden die Räder sich einmal wieder drehen und die Zeiger sich bewegen? Kann man Leben erwecken aus dieser Grabesstille?

Weiter tastet der Schritt nach vorn. Es wird plötzlich heller. Die Stimmen werden lauter. Wachwechsel in der Zentrale des Bootes. Es ist 4 Uhr morgens. Die Mittelwache wird abgelöst von der Morgenwache. Wenn das Boot auf dem Grunde liegt, genügen wenig Leute, um es unter Kontrolle zu halten. Alles andere schläft.

Der „Mittelwächter" zeigt seinem Nachfolger seine Notizen im Maschinentagebuch.

„War was los?"

„Nein, nichts Besonderes. 46 Meter Tiefe, 280 Grad liegt an. Einmal ist der Kommandant geweckt. Schraubengeräusche. Es war aber nichts. Um 5 Uhr sollen wir auftauchen. 10 Minuten vorher will der Kommandant geweckt werden. 4.50 Uhr alle Mann auf Tauchstationen. Gute Nacht." Er wartet gar nicht erst auf Antwort und taumelt seiner Koje zu.

Zu tun gibt es wenig bei einer Wache auf dem Grunde. Hören und fühlen, wach bleiben ist die einzige Aufgabe. Wenn man doch rauchen könnte! Aber das war sozusagen bei „Todesstrafe" im getauchten Boot verboten. Aber Kaffee! „Hier ist kalter Kaffee", meldet sich einer der Heizer mit einer dicken Tasse und reicht sie dem Unteroffizier. Der nimmt sie und gibt sie weiter. Auch der Leutnant trinkt.

Im U-Boot gab es äußerlich kaum Rangunterschiede. „Strammstehen" schon gar nicht. Das U-Boot selbst verband uns alle zu einem Schicksal. Ein Leben und ein Tod. Das war das schöne Geheimnis und die ganze Stärke unserer Waffe.

Der Heizer nimmt sich einen abgerissenen Schmöker „Unter dem Kreuz des Südens", legt sich eine Kabellampe auf die Knie und vergißt bald alles um sich her. Die Seiten kleben, sind zerrissen und fettig, aber sie „leben", erzählen von Fahrten in südlichen Breiten, wo der Passat weht, und die Segel wochenlang stehenbleiben, von Landungen auf einsamen Inseln, wo Palmen rauschen und das Meer über Korallenriffe brandet, von Kämpfen mit Seeräubern und von seltsamen Muscheln, die am Strande gefunden werden...

Er segelt und segelt durch eine sonnenwarme Welt... Der Wachhabende greift nach dem Maschinentagebuch und liest darin die Aufzeichnungen seines Vorgängers:

1.00 Uhr nachts:	Schwache Schraubengeräusche Backbord vorn. Verlieren sich nach einigen Minuten in derselben Richtung.
1.30 Uhr nachts:	Für zehn Minuten Lufterneuerung angestellt (Sauerstoff).
2.15 Uhr nachts:	Wasserstand in der Bilge gepeilt. Unverändert.
2.20 Uhr nachts:	Luftblasengeräusche im Tauchtank vier. Anscheinend Preßluftleitung undicht. Lufthahn zum Tauchtank abgesperrt.
2.30 Uhr nachts:	Stärkere Schraubengeräusche Steuerbord vorne. Kommen schnell näher. Kommandant geweckt. Anscheinend größerer Handelsdampfer. Passiert in einigen hundert Metern Entfernung an Steuerbord.
3.15 Uhr nachts:	Uhr nachts: Schwache Detonation weitab an Backbord.
3.20 Uhr nachts:	Mehrere schwache Detonationen in derselben Richtung.
4.00 Uhr nachts:	Sauerstoff angestellt.

Vorn in den Wohnräumen röchelt und stöhnt ein Schläfer. Wohl einer von der Mittelwache, der noch ringt mit dem Schlaf. Aber das geht schnell vorbei. Schon im Hinsinken hat er halb vergessen. Andere Leute wachen ja für ihn. Aber die Nerven wollen zuerst keine Ruhe geben und zerren an dem todmüden Körper. Schwer ist Schlaf und Traum auf dem Grunde des Meeres. Waren da nicht seltsame Geräusche in der Ferne? Minen? Bomben? Sucht man nach uns hier auf dem Grunde? Was für Schiffe zogen da über uns ihre Bahn? Vielleicht kamen sie von Indien, wo es warm ist und Licht und Sonne? Sie ahnen wohl nichts von uns hier unten. Gut, daß wir so viel Wasser über uns haben! Das schützt. Jetzt nur Schlaf, Schlaf...

Der junge Heizer hat sein Buch aus der Hand gelegt und unterhält sich jetzt im Flüsterton mit einem älteren und schon U-Boots-befahrenen Kameraden. Er ist noch „ganz neu" und sehr wißbegierig. Es ist seine erste Fernfahrt an den Feind, und Berge von Fragen lasten auf seiner jungen Seele. Es ist merkwürdig, daß kein Mensch auf dem Meeresgrunde richtig laut und herzhaft zu sprechen wagt. Vielleicht will man die Schläfer nicht stören. Auch die Luft macht das Sprechen so schwer. Aber da ist noch etwas anderes, dies drückende Schweigen, diese Vergessenheit und Versunkenheit. Es ist, als ob alles sich wehrt und doch schweigt gegen diese Stille, als ob Maschinen und Menschen körperlich den ungeheuren Druck empfinden, der auf dem Boot lastet, als wenn der ganze Ozean vom Boot getragen werden müßte. Aus dem offenen Gesicht des Jungen sprechen alle diese Eindrücke:

„Hast du die Bomben gehört heute nacht?" Der andere putzt gleichgültig an einer Messingstange, um sich wach zu halten. „Ne, ich hab nix gehört. Laß doch die Dinger, die tun uns nichts."

„Was meinst du denn, daß es gewesen ist, es grollte doch so in der Ferne?" flüstert wieder die Stimme.

„Ja, mein Junge, das kann kein Mensch wissen. Die suchen ja Tag und Nacht nach uns, die Briten. Vielleicht ist ein Dampfer unter der Küste auf Minen gelaufen, und nachher sind ihm die Kessel explodiert. Daher die verschiedenen Detonationen. Unter der See ist immer was los, weißt du, daran mußt du dich gewöhnen. Auf dem Grunde ist es ganz still wie im Grab, aber dann kommen da plötzlich irgendwoher solche Sachen. Weiß der Deubel, was das ist, vielleicht arbeitet ein anderes U-Boot bei Nacht. Du wirst das alles schon lernen."

"Ja", meint wieder der Junge, "es ist unheimlich hier unten. Es ist still und doch nicht still. Es ist, als wenn wir tief unter der Erde begraben wären. Dann kommen plötzlich Geräusche, von denen man nicht weiß, woher sie kommen, und ob sie uns gelten. Aber wenn sie uns nun finden hier unten?"

"Ach was" — es klingt die weise Erfahrung eines alten U-Boots-Fahrers aus der Stimme —, "finden können sie uns hier gar nicht. Es ist doch November jetzt, und gestern abend, als wir auf Grund gingen, stand eine ganz anständige See da oben. Die Engländer sind auch keine Engel und bleiben zu Hause, wenn sie können. Wir sind hier so sicher wie in Abrahams Schoß. Hab man keine Angst, wir haben schon andere Dinger gedreht. Vor zwei Monaten sind wir eine ganze Nacht unter englischen Minen durchgefahren, als wir aus der Deutschen Bucht herausmußten. Da ist uns auch nichts passiert. So leicht lassen wir uns nicht fangen. Ne, mein Junge, erleben wirst du noch vieles mit uns. Aber man immer die Augen offen halten, fühlen und hören ist die Hauptsache für den U-Boots-Fahrer. Das Schicksal mußt du riechen können, weißt du. Dann bist du erst so richtig waschecht. Vor allem aber..."

Plötzlich reißt das Gespräch ab. Auch der Unteroffizier horcht auf. Irgend etwas ist in der Stille. Etwas Neues, Ungewohntes, was alles aus dem Gleichgewicht bringt. "Schüttet, schüttet, schüttet, schüttet", klingt es irgendwoher aus der Ferne. Die paar Wachleute lauschen angestrengt. Schnell kommt es näher, wird lauter, mahlt und singt. Das war kein Dampfer! Ein Zerstörer! Deutlich kann man es an dem hellen, schnellen Schraubenschlagen hören. "Kommandanten wecken, Schraubengeräusche vom Zerstörer an Steuerbord", ruft der Leutnant.

Einen Augenblick später schieben sich zwei goldene Ärmelstreifen durch das Schott zur Zentrale. Fragen sind unnötig. Man hört es ja, was los ist. Ganz deutlich kommt das Unbekannte näher. "Schüttet, schüttet", mahlen die Schrauben. "Schüttet, schüttet, schüttet." Alles lauscht angestrengt nach oben. Tun kann man gar nichts. Nur Vertrauen haben auf seine Sicherheit hier unten. "Was bummelt denn hier ein Zerstörer herum in der Winternacht", frage ich. Und zum nächststehenden Mann: "Holen Sie mal die Seekarte von meinem Schreibtisch." Inzwischen ein Blick nach Tiefenmanometer und Kompaß. 46 Meter Tiefe, 280 Grad. Alles so wie am Abend vorher.

"Was haben wir im Regler?"

"Zehn Tonnen, Herr Kapitänleutnant."

„Na, wir wollen mal den Leitenden Ingenieur wecken. Sicher ist sicher. E.- (elektrische) Maschinen klar zum Anstellen. Sagen Sie Obermaat Güthing Bescheid."

Die Karte kommt. Der Grundliegeplatz ist vom Steuermann durch einen Kreis und ein Kreuz eingezeichnet. Also da liegen wir in guter Kreuzpeilung von „Longships" und „Three Stone Oar" an der Nordküste von Cornwall. Eigentlich keine Gegend für Zerstörer. „Schüttet, schüttet", mahlen die Schrauben näher zu uns. Vielleicht will er zum Bristol-Kanal und da einen Konvoi abholen? Jetzt erreichen die Schraubengeräusche ihre größte Stärke. Fast direkt über dem Boot hört man es schlagen und rauschen. Dann verebbt es allmählich in der Ferne. Es wird wieder still. Das Leben in den Augen der Menschen erlischt, und nach wenigen Minuten ist alles wie zuvor. Wer war es, der da oben durch die nächtliche See fuhr? Woher kam er, und wohin wollte er? Eine Frage, ein Rätsel, eine Phantasie aus den Tiefen des Meeres,

Fünf Uhr morgens.

„Alle Mann auf Tauchstationen", ruft der Wachhabende durch das Boot. Der Befehl wird an einzelnen Stellen wiederholt und weckt die Schläfer. Um 7 Uhr vor Hellwerden soll das Boot dicht unter Land im Dampferweg stehen. Bis dahin ist noch ein Anmarsch von zwei Stunden. Außerdem muß frische Luft ins Boot und in die Lungen. Es wird heute wieder eine lange und anstrengende Tauchfahrt mitten in der Bewachung geben. Taumelnd schieben sich verschlafene Gestalten aneinander vorbei auf ihre Tauchstation. Oberingenieur Schirmer, der Leitende Ingenieur des Bootes, erscheint in der Zentrale. Das Boot wird lebendig.

„Personal ist auf Tauchstationen, Maschinen sind klar", hört man seine Meldung an den Kommandanten.

„Schön, dann Regler lenzen, bitte!"

Die großen Pumpen springen an und drücken das „Gewichts"-wasser in wenigen Minuten nach außenbords. Es mußten sehr starke Pumpen sein, um eine solche Arbeit gegen den Druck des Wassers auch in größeren Tiefen noch leisten zu können.

„Zehn Tonnen sind gelenzt", meldet eine Stimme.

„Beide langsam voraus. Was liegt an? 280 Grad? Recht so, 280 Grad steuern!"

Man hört, daß die Maschinen laufen. Das Boot fängt an zu zittern, und der *Zeiger* des Tiefenmanometers ruckt etwas. Aber merkwürdig, er wankt und weicht doch nicht von 46 Meter. Das Boot will nicht und klebt am Grunde. An sich ist das nichts weiter

Ungewöhnliches. Namentlich bei weichem, schlickartigem Meeresboden muddelt sich ein U-Boot oft in wenigen Stunden schon so ein, daß es nicht gleich beim ersten Anlauf vom Grunde wieder zu lösen ist.

„Beide Maschinen stopp, das ist ja merkwürdig", sage ich. Nach der Karte liegen wir hier auf „feinem Sand und Muscheln". Und da wir doch eben dasselbe Gewicht an Wasser herausgedrückt haben, welches wir gestern abend hineinließen in den Regler, muß das Boot doch eigentlich kommen.

„Weitere fünf Tonnen aus dem Regler lenzen. Beide Maschinen langsame Fahrt voraus. Recht so!"

Wieder zittert das Boot, aber es bewegt sich nicht, man fühlt ganz deutlich, es schwimmt noch nicht.

„Beide halbe Fahrt voraus!" Stärker drehen sich die Maschinen. Aller Augen hängen an der großen Scheibe des Tiefenmanometers. Der Zeiger spielt um 46 herum. Der Ingenieur klopft ungeduldig an die Glasscheibe des Manometers. Niemand denkt an Gefahr. Aber in 46 Meter Tiefe von irgend etwas festgehalten zu werden, ist ungemütlich. Bei „Halber Fahrt" steckt schon eine gehörige Kraft in den Schrauben. Man hört sie am Heck arbeiten und wühlen.

Der junge Heizer steht mit weit aufgerissenen Augen da. Auf der U-Schule hat er auch einmal auf Grund gelegen. Es war in der Eckernförder Bucht auf 20 Meter. Aber schon nach zehn Minuten war man wieder oben, wo Torpedoboote und andere Schiffe waren, um zu helfen, wenn was passierte. Aber dies hier war doch eine andere Sache. Und wenn wir nun gar nicht wieder nach oben kommen? Das ganze Boot zittert ja schon vor Anstrengung! Ob der Zerstörer vorhin schuld daran war? Unheimlich ist ihm das alles. Aber er sagt nichts und frißt die Gedanken in sich hinein. Er schaut um sich. Die Augen der anderen sind nicht voll Furcht, mehr voll von einer erstaunten Neugier, wie das nur möglich ist. Aber sie verstehen das ja alles viel besser als er selbst, sie haben viel Erfahrung, diese Männer, und werden das Boot schon wieder an die Oberfläche bringen.

Minutenlang laufen die Maschinen nun schon halbe Fahrt ohne Erfolg. Das Boot zittert, schurrt und wühlt, aber will nicht. Ich überlege einen Augenblick. Man geht ungern mit noch mehr Fahrt vom Grunde an. Schließlich weiß man nie, was oben los ist, und das Boot fliegt dann unter Umständen wie ein Gummiball an die Oberfläche. Aber schließlich kann man ja nicht ewig hier auf dem

Grunde liegenbleiben, und die kostbare Preßluft soll auch gespart werden. Zudem drängt die Zeit, also

„Beide Maschinen große Fahrt voraus!"

Mächtig schlagen die Schrauben hinten, und man merkt ordentlich, welche Kraft das Boot mit aller Gewalt vom Grunde abschiebt. Da — der Zeiger bewegt sich — 45, 44, 42 — 40. Ein Schieben, Schürfen, manchmal Wiederaufstoßen. Wohl eine Bodenwelle auf dem Meeresgrund. Endlich — endlich — das Boot schwimmt, aber jetzt fliegt es nach oben, 38, 35, 32, 25 Meter!!
„Beide langsam voraus, Regler fluten!"
Ich steige mit dem Steuermann in den Turm. In der Zentrale gab es jetzt nichts mehr zu tun. Die weitere Führung geschah vom Turm aus. Die Tiefensteuerung erhält den Befehl:
„Das Boot unter allen Umständen auf 20 Meter halten, keinesfalls höher kommen!"
Das Boot „bockt" zuerst noch etwas, bis es in seiner Gewichtsverteilung wieder ganz eingespielt ist. Aber die Tiefenruder halten es in der Gewalt, und bald steuert es ganz brav „Strich" auf 20 Meter.
„Na, Steuermann, das war ja wirklich ein schweres Lösen vom Grunde. Wir haben wohl etwas zu viel Bettschwere gehabt! Aber immerhin, man ist wenigstens wach geworden dabei!"
Im Turm herrscht trübes Licht. Es ist feucht. Die Stahlblenden vor den Glasfenstern sind mit dicken Vorreibern geschlossen. Rostig läuft das Schweißwasser an den Wänden herunter. Die Sehrohre sind tief eingefahren. Auf dem Grunde oder in solcher Tiefe wie 20 Meter kann man sie nicht gebrauchen. Die Kälte dringt durch und durch hier oben im engen Turm. Es gibt an sich etwas Schöneres als so ein U-Boots-Erwachen auf dem Grunde des Meeres. Und um 8 Uhr früh müssen wir schon wieder unten sein und den ganzen Tag am Sehrohr hängen!
„Beide Maschinen kleine Fahrt voraus!"
„Steuermann, wir wollen noch fünf Minuten 280 Grad weitersteuern und dann für fünf Minuten auf 320 Grad gehen. So einen kleinen Haken schlagen. Es ist besser, wir wechseln den Kurs vorm Auftauchen. Man kann doch nie wissen, was da oben los ist."
In der Zentrale steht Oberingenieur Schirmer und kontrolliert sein wieder zum Leben erwachtes Boot. Er hat die technische Oberleitung an Bord und ist mit seinen Gedanken und allen Sinnen

in jeder Rohrleitung und in allen seinen Maschinen. Jetzt läßt er Wasser von vorn nach achtern trimmen. Er wiegt das Boot wieder richtig aus. Dann gibt er den Befehl durch die Sprachrohre in alle Räume weiter:

„Ruhe im Boot, auf Schraubengeräusche achten. In zehn Minuten wird aufgetaucht. Alles bleibt bis auf weiteres auf Tauchstationen."
Im Heckraum pfeift es: „Achtung, Meldung, wenn Schraubengeräusche gehört werden!" Der Steuermann schnallt sich ein Unterwassertelephon um, welches mit einer Membran in der Außenwand des Bootes verbunden ist. So hat man ein etwas größeres „Ohr". Aber es bleibt alles still.

„Na, Steuermann, dann wollen wir ruhig jetzt mal rausgucken. Oben ist es ja noch pickeduster. Nehmen Sie sich das große Nachtglas mit und sehen Sie zuerst ohne Glas die allernächste Umgebung ab. Ich bleibe, bis alles klar ist, im Turm."

Durchs Sprachrohr an den Wachoffizier: „Auf zehn Meter gehen. Es wird gleich aufgetaucht."

Der Zeiger des Tiefenmanometers senkt sich von 20 auf 18, 15, 12, 10 Meter. Das Boot fängt an, leicht zu schlingern. Also muß noch eine ganz nette See oben stehen. In der Zentrale steht alles an den Hebeln und Ventilen und wartet auf die nächsten Befehle. Jeder hat seine ganz genau vorgeschriebene Funktion. Die erste Brückenwache macht sich im Wohnraum „seeklar". Ölzeug, schwere Stiefel, Wollschal, Südwester und noch eine warme Weste, das wird wohl langen.

Von den Räumen wird gemeldet, daß alles still ist. Keine Schraubengeräusche.

„Auftauchen! Tauchtank 4 und 5 anblasen." Die Tiefenruder rattern. Das vordere legt sich hart oben, das hintere hart unten, und das Boot kommt mit Bug und Turm irgendwo aus der nächtlichen See an die Oberfläche.

„Turmluk auf!" Ein Strom von Luft und Leben schlägt herein. Der Steuermann klettert schnell heraus und steht hoch aufgerichtet über mir als schwarze Silhouette gegen den Himmel.

Spritzer, Nässe, Dunkelheit, Sterne über dem dunklen Lukausschnitt.

„Ausblasen, Dieselmotoren anstellen!"

Die großen Motoren beginnen gierig Luft in ihre Zylinder zu saugen.

Das Boot dreht hart gegen die See und wirft den Gischt hoch in die Nacht. Schön ist diese Kraft der Motoren!

An Backbord schimmert undeutlich die Küste von Cornwall. Beinahe recht voraus „Seen Stones", ein starkes Blitzfeuer. Vier Strich an Backbord „Longships", die Ansteuerung für Cap Lizard. Da schiebt sich etwas aus dem Lichtkegel von Longships heraus. Zwei Fahrzeuge, ziemlich weit weg, abgeblendet mit Kurs nach Bristol. Wohl Bewacher oder Minensucher? Wir weichen nach See zu aus. Der Steuermann sucht noch einmal genau den Horizont ab. Allmählich gewöhnt man sich wieder an die Dunkelheit.

„Steuerbord-Maschine halbe Fahrt voraus. Backbord-Maschine stopp. Batterie aufladen. In etwa eineinhalb Stunden wird wieder getaucht", ergeht die Anweisung an die Maschine.

Um halb acht Uhr spätestens mußten wir schon wieder unter die Oberfläche. Bis dahin sollte die elektrische Batterie wieder aufgeladen sein. Es konnte ein heißer Tag werden heute. Aber wenn das Wetter so bleibt, werden die Torpedos schlecht laufen. Na, man muß warten. Vielleicht wird die See ruhiger gegen Morgen.

Kaffeedunst schlägt aus dem Luk. Der Obermatrose Pape, mein braver Bursche, weiß, was gut tut nach solcher Nacht, und reicht mir eine dicke, bunte Tasse herauf. Eine großartige Idee. Wie das belebt! Und nun noch eine Zigarre. Das muß den Schlaf ersetzen, den man eigentlich so nötig hat vor dem bevorstehenden anstrengenden Tag. Langsam wachen die Lebensgeister auf, und trotz Nacht und Dunkelheit, Kälte und Spritzern fühlen wir uns wieder einmal glücklich auf unserem Boot.

Der Tag bricht an. Im Osten sind die ersten hellen Streifen. Sicher und stark zieht das Boot seine Bahn durch die anbrechenden Seen. Hoch auf fegt der Gischt und zerflattert weit hinter uns mit dem Winde.

Durch die Netzsperre Dover—Calais

„A t l a n t i k.
21. August 1917, 3 Uhr vormittags.
Klare, helle Nacht, Nordlicht.
Wind: West, Stärke 1, sehr sichtig.
Standort: 160 Seemeilen WestzuNord von Barra Head (Hebriden).
145 Grad gesteuert. Keine Bewachung, kein Handelsverkehr.
Heute ist der 14. Tag der Unternehmung. Im befohlenen Tätigkeitsgebiet ist bei zehntägiger Beobachtung nicht das geringste gesehen worden. Irgendwelche Nachrichten von anderen U-Booten oder aus der Heimat liegen nicht vor. Mit Ausnahme der Versenkung von zwei kleinen Seglern ist die Unternehmung bisher ergebnislos verlaufen.

Ich stehe daher jetzt vor der Frage, ob ich mein letztes Treiböl in dieser zur Zeit völlig aussichtslosen Gegend nutzlos verfahren und dann den Rückmarsch auf dem Nordwege antreten oder aber auf dem Wege nach Süden Erfolge suchen und dann durch die Straße Dover—Calais zurückkehren soll.

Die Erfolgsaussichten im ersten Fall sind sehr gering.

Auf dem Südwege liegen die einzigen Möglichkeiten, wenigstens einen Teil der noch voll vorhandenen Torpedoausrüstung anzubringen.

Ich habe mich daher entschlossen, heute die Wartestellung vorm Nordkanal endgültig aufzugeben und den Marsch nach Süden anzutreten."

Soweit hatte ich gerade in meinem Kriegstagebuch geschrieben. Es war Nacht, und wir fuhren über Wasser. Das Wetter war gut und die See ruhig, so daß sich das Boot nur wenig bewegte. Von weitem dröhnte das taktmäßige Brummeln der Motoren bis zu mir in den Raum. Wenn die Schottür zum Maschinenraum aufging, wuchs es für einen Augenblick zu lautem Hämmern an. Gleichzeitig fuhr dann jedesmal ein unangenehm saugender Zug um Hals und Beine. Bis sich das Schott mit dumpfem Knall wieder schloß.

Eine ruhige Stunde am Schreibtisch, am U-Boots-Schreibtisch!! Ein seltenes Ereignis. Um mich herum im grellen Schein einer Lampe Seekarten, Segelhandbücher, Listen über Treiböl- und Schmierölverbrauch, einige Skizzen und der Bericht eines Flandern-U-Bootes über die Gefahren der Netzsperre Dover—Calais. „In dunkler Nacht über Wasser durchbrechen, hat noch die meisten

Aussichten", berichtet das Boot, „die Lage der Netze und Minen ist nicht genau bekannt und verändert sich ständig. Ist man gezwungen, unter Wasser zu passieren, muß das Netz in der „tiefen Rinne" untertaucht werden."

Ich hörte jetzt auf mit meinen Eintragungen und setzte schnell meinen Namen darunter. Dann las ich noch einmal, was ich geschrieben hatte. Wie ein Schuljunge, der einen besonders schwungvollen Satz fabriziert zu haben glaubt und ihn nun voller Neugier und mit einer stolzen Befriedigung von neuem überfliegt.

Ja, da stand es schwarz auf weiß und nicht mehr wegzuleugnen.

„Ich habe mich daher entschlossen, den Marsch nach Süden anzutreten."

Das klang eigentlich so einfach und selbstverständlich und war doch ein schwer abgerungener Entschluß gewesen. Hatte ich mich nicht eben sozusagen selbst überrumpelt, mir mit meiner eigenen Unterschrift den Rücken gestärkt? Etwa: So, nun kannst du nicht anders, du hast unterschrieben und mußt dein Wort halten!?

In der Tat war in dieser Minute und mit einem Federzug tagelangem Grübeln und Plänemachen ein Ende bereitet. Weit spannte sich das Meer vor unseren Blicken. Aber es war und blieb leer. Die Erfolglosigkeit hatte alles Denken und Handeln gelähmt. Die ewige und aufreibende Wachsamkeit der Sinne verlangte nach einem Ausgleich, einer Entspannung durch die Tat.

Wie oft hatten mich meine eigenen nichtssagenden Berichte im Kriegstagebuch höhnisch angegrinst! Kein Segel, keine Rauchwolke!

„12. August 1917, 8 Uhr vorm.
   Stille, glatte See. Sehr sichtig.
   Vormittags bei Barra Head und vorm Südausgang der Minch mit verschiedenen Kursen gekreuzt. Vor einem einzelnen Bewacher getaucht, sonst nichts gesichtet...

13. August 1917, 10 Uhr vorm.
   Südsüdwest 3—4. Bedeckt, Regen.
   Während der Nacht nördlich Tory Island mit Nord- und Südkursen auf und ab gestanden, um Kurse zu finden, welche die nachts von Inishtrahull abgehenden, nach Norden ausholenden Dampfer steuern. Bei sehr dunkler, aber klarer Nacht wird nichts gesichtet.

14. August 1917, 12 Uhr vorm.
   Nord 6. Regenschauer.

Englischen Funkspruch aufgefangen, daß der englische Dampfer „Camito" bei Aran Island torpediert und im Sinken begriffen ist.
15. August 1917, 6 Uhr nachm.
NordzuWest 2—3. Sonnenschein.
Auf Barra Head Ansteuerungen gekreuzt. Nichts gesichtet...
16. August 1917, 4 Uhr vorm.
Südsüdwest 3—4. Klar.
Einem Bewacher ausgewichen. Englischen Funkspruch aufgefangen: SOS, SOS. Dampfer „Athenia" (8668 ts) 7 miles north of Inishtrahull (Mine?).
Kurs auf Inishtrahull genommen.
Keine Bewachung, kein Verkehr. Irische Nordküste in Dunst gehüllt.
An der SOS-Stelle der „Athenia" werden drei leere Rettungsboote gefunden. Schiff scheint also gesunken.
17.—20. August.
Nord- bis Westwinde. Sehr klar.
Nichts gesichtet."

Es war zum Verzweifeln. Die Zwecklosigkeit unseres Tuns bohrte sich schmerzend in das Gehirn. Irgend etwas mußte geschehen. Aber was? Auf Möwen konnten wir doch nicht schießen! Und oben herum, wie es vorgesehen war im Plan der Unternehmung, zurückkehren nach Hause ohne Erfolg? Mit leeren Händen dastehen, wo die Heimat darbte und jede Tonne feindlichen Schiffraums, die von der See verschwand, entscheidend werden konnte? Unmöglich! Dann lieber noch der Weg nach Süden. Einige Tage schnelle Arbeit im Kanal und dann... das Netz! Aber gerade hier waren die Gedanken und zuerst auch der Wille jedesmal hängengeblieben.

Oben herum um die Orkneys stand die Tür nach Hause weit offen. Vielleicht würde die Bewachung uns etwas ärgern. Schlimmstenfalls Plackerei mit Zerstörern und Wasserbomben. Aber da wollten wir schon durchkommen.

Im Süden winkte Erfolg, wenn auch wohl schwer zu erringen. Auch da war eine „Tür". Die Straße Dover—Calais. Aber die Engländer hatten sie durch Minen, Stahlnetze und Balkensperren verrammelt. Für ein großes Boot, wie „U 62" es war, war der Durchbruch durch die Sperre an sich schon ein gefahrvolles Unternehmen. Für die Flandern-Boote nicht minder. Aber die machten das sozusagen als ihr tägliches Brot. Bei jeder Fahrt von Zeebrügge nach dem

Westausgang des Kanals mußten sie aus- und einlaufend hindurch und kannten infolgedessen die Lage der Sperre, der einzelnen Bojen, die Taktik der Bewachung und die Veränderungen in dem ganzen Sperrsystem besser als wir. Sie hatten ihre „Erfahrungen". Sie waren kleiner und beweglicher als wir, hatten von ihrer in der Nähe der Sperre liegenden Basis aus immer die neuesten Nachrichten und rutschten im günstigsten Augenblick bei Nacht und Nebel über Wasser über die Sperre hinweg. Aber trotz alledem blieb die Straße Dover—Calais auch für sie eine ständige Quelle großer Gefahr, welcher die Flandern-Boote immer wieder mit ungebeugtem Schneid getrotzt haben.

Dann zählte ich mir an den Fingern ab: Drei Tage Anmarsch nach Süden bis vor dem Westeingang zum Kanal. Etwa vier Tage „Arbeit" dicht unter der Küste bei Kap Lizard oder Start Point. Dann noch der Anmarsch bis zum Netz und das Passieren der Netzsperre selbst etwa in der Nacht vom 31. August auf den 1. September.

Ein Blick in den Kalender. Vollmond!! Da stand es unerbittlich. Also sehr wahrscheinlich ein Durchbruch über Wasser sehr schwierig. Besonders bei sichtigem Wetter und glatter See. Und unter Wasser? Ja, da war eben das Unbekannte, das lange an Bojen aufgehängte Stahlnetz. Quer hinüber und herüber von Dover bis Calais. Sicherlich waren Lücken darin. Aber wir waren ja blind unter Wasser. Und Minen vor und hinter der Sperre. Und auch in den Netzen, wo sie in Abständen verstreut eingeflochten waren, um alles in Atome zu zerreißen, wenn ein Fremdkörper irgendwo hakte am Netz und einen Zug ausübte.

Also fast keine Chance über oder unter Wasser. Und drüber weg fliegen konnten wir doch auch nicht. So war der Entschluß schwer zu erringen, um so mehr, als er ein freiwilliger war. Oben winkte die „offene Tür", unten der Erfolg und dann das „Muß" durch die Sperre. Aber vielleicht ist es oft leichter, im Trommelfeuer und in der anspornenden Begeisterung oder der verzweifelten Wut der Schlacht einen spontanen Entschluß zur Tat zu fassen, als ganz auf sich allein gestellt und in einem verhältnismäßig ruhigen Augenblick „am Schreibtisch". Pflicht, der Wille zur Pflicht und der kleine Selbstbetrug mit der Unterschrift mußten helfen. Unsere Aufgabe war ja, zu kämpfen und, wenn es sein mußte, auch zu sterben. Vor allem aber, den Feind aufzusuchen, wo wir ihn fanden, und ihn zu vernichten. Ohne Erfolg war aller Krieg sinnlos. Und dazu gehörte Einsatz des Lebens, voller Einsatz. Also nicht weiter nachdenken und ran an das Netz. Nach der alten Seemannsregel mit dem Bug gegen die Gefahr!

Die großen Schiffe hißten im Gefecht in solchen Augenblicken ein Signal, den Stander „Z". Das bedeutete: „Ran an den Feind!" Mein Signal hatte ich soeben ganz still und leise in mir selbst aufgezogen.

Nun zog ich mein dickes Bordjackett an, setzte die Mütze auf, hing das Doppelglas um und stieg den engen Schlauch zum Turm hinauf. Oben war eine herrliche Nacht. Am Himmel zuckte das Nordlicht.

„Wir wollen auf Südkurs gehen", sagte ich zum Steuermann, „vielleicht haben wir weiter unten mehr Glück, und große Fahrt laufen!" Der Steuermann sieht mich von der Seite an. Er hat schon seit Tagen beobachtet, was mich quält. Wir beide denken navigatorisch zusammen. Er weiß, was nach der Unterhaltung der letzten Tage „Südkurs" bedeutet.

Das Boot wirft sich herum, und bald brausen wir mit hoher Fahrt nach Süden. Das gute Wetter muß ausgenutzt werden, um vorwärts zu kommen. Die Dieselmotoren brummen ihr starkes Lied und saugen mit Behagen die Seeluft ein. In breitem Schaumstreifen rauscht das Wasser an den Flanken des Bootes entlang und spült über die blanken Rücken der Tauchtanks.

Aber auch der nächste Tag bleibt ohne Ereignisse. Spät abends tauchen wir. Nachtfahrt auf 30 Meter Tiefe.

Am 23. August in der Frühe aufgetaucht. Wir sind an der Südküste Irlands, nicht weit von „Black Rock", dem schwarzen Felsen. Wie immer hängen tiefe Wolken über den Bergen. Der Himmel bezieht sich, und das Barometer fällt. Ein Viermastdampfer zieht am Nachmittag weit außerhalb jeder Angriffsmöglichkeit vorüber. Wir sehen nur die Mastspitzen und den oberen Teil seiner Schornsteine. Pech! Dann sind wir wieder allein auf dem Meer. Nur die großen Atlantikmöwen mit den schwarzen Flügelspitzen segeln klagend und kreischend mit weit ausgebreiteten Schwingen über unserem Kielwasser.

Gegen Abend wird die See immer schwerer. Mit kaltem Atem und stürmisch bläst der Nordwind, von Island kommend, hinter uns her und pflügt in langen Schaumstreifen das Meer. Türmend laufen die Seen von achtern auf. Gefährlich sieht es aus, wenn die Wassermassen wie blaugraue Wände aus flüssigem Stahl hinter uns aufstehen. Langsam und majestätisch, siegesgewiß schieben sie sich in unbändiger Kraft heran, höher und höher zum schaumgekrönten Becher emporsteigend, und stürzen donnernd über dem Boot zusammen. Meterweise steht das Wasser oft über dem Turm. Dann steigen wir schnell ein und machen, wie das Eichhörnchen, das Turmluk zu. Um elf Uhr abends gönnen wir uns Ruhe unter dem Sturm. Quer zur See wird getaucht, damit die Wasserberge gleichmäßig über Bug und Heck hinweglaufen. Beim „Gegen-die-See-Tauchen" konnten leicht durch einseitige Belastung des Vor- oder Achterschiffes gefährliche Neigungen entstehen. Auf 30 Meter wird es ganz still.

Gegen 4 Uhr früh am anderen Morgen merken wir in unseren Kojen, wie das Boot auch in dieser Tiefe noch anfängt, schwerfällig zu schlingern. Dann mußte ja ein böses Wetter oben sein! Wir steigen hinauf und sehen uns mit dem Sehrohr um. Alles ist weiß, fliegt, fetzt und sprüht. Ein tosender, brausender Sturm. Das Auftauchmanöver ist nicht so leicht bei solchem Wetter. Aber schließlich schwimmen wir wieder auf der See und legen uns mit der Nase gegen die wandernden Berge. An irgendwelche Angriffstätigkeit ist gar nicht zu denken. Nicht weit von uns fährt, vom Sturme gepeitscht, ein Dampfer vorüber. Keiner kümmert sich um den anderen. Die Natur herrscht allein, jubelt, höhnt und rast. Steil höhlen sich die gigantischen Berge zu durchsichtigen Kämmen. Emporgerissen zu schneeigen schaumzerrissenen Kronen, die mit jauchzenden Armen weit nach vorne greifen in wilder Jagd. Wie ein Panther springt der Sturm auf die See. Es ist wie Brandung. Ein Brausen und Heulen, Donnern und Tosen, Stürzen und Brechen. Inferno.

Orkan im Atlantik!

Zwei Tage hält es an. Dann klart es langsam auf, und wir sichten einen Dampfer. Verfolgen ihn und wollen gerade zum Angriff tauchen, als er in einer hohen Sprengwolke verschwindet. Ein anderes U-Boot ist uns zuvorgekommen.

Schließlich stehen wir am 29. August, 8 Uhr vormittags, vorm Eingang zum Kanal. Nicht weit von Wolf Rock. Das Kriegstagebuch wird jetzt etwas lebendiger, interessanter und berichtet über die nächsten zwei Tage.

„29. August 1917, 5 Uhr vorm.:

Nordnordwest 6, Seegang 7, steigendes Glas. Englischer Kanal. Während der Nacht Scillys angesteuert. Wolf Rock in 10 Grad 16 Seemeilen. Kein Verkehr. Tagsüber etwa 30 Seemeilen südlich der Mountsbay patrouilliert. Einer armierten Jacht ausgewichen.

6 Uhr nachm.:
  Nordnordwest 6, abflauend, klar.
  Gegen Abend Kap Lizard angesteuert. Auslaufenden leeren Dampfer von 3000 t gesichtet, der, hart um Lizard herum, Kurs auf Longships nimmt. Kommt nicht ins Angriffsgebiet.
7 Uhr nachm.:
  „U 62" steht in der Mitte zwischen Lizard Head und Wolf Rock. Angriff auf einlaufenden mittleren Dampfer gefahren. Kurs 90 Grad.
7.30 Uhr nachm.:
  Schuß aus I. Rohr, Schneidungswinkel (Der Winkel zwischen der Torpedolaufbahn und dem Kurs des Gegners.) 70 Grad. Entfernung 500 Meter. Blasenbahn kann bis Mitte Ziel verfolgt werden. Keine Detonation. Fehlschuß ohne Erklärung.
8 Uhr nachm.:
  Aufgetaucht.
8.20 Uhr nachm.:
  Alarm. Getaucht. Flieger greift Boot an, wirft zwei Bomben, schwache Detonationen. Auf 40 Meter gefahren.
10 Uhr nachm.:
  Westnordwest 4—5. Aufgetaucht. Von der Küste abgestanden, um Batterie aufzuladen.
12 Uhr nachm.:
  Standort: Wolf Rock in Null Grad 15 Seemeilen. Nach beendetem Aufladen „Bishof Rock" angesteuert.
30. August 1917: Westeingang Englischer Kanal.
1 Uhr vorm.:
  Heller Mondschein. Westnordwest 3—4, wenig Dünung. Großen einlaufenden Dampfer gesichtet. Fährt starke Zickzackkurse. Generalkurs 65 Grad.
2 Uhr vorm.:
  Westnordwest 4, klar. Zum Angriff getaucht. Heckanlauf gefahren. Kursänderung des Gegners auf Boot zu, kurz vorm Schuß. Schuß kann nicht fallen. Auf 20 Meter abgelaufen.
2.30 Uhr vorm.:
  Aufgetaucht, wieder vorgesetzt und zweiten Unterwasserangriff gefahren. Mond ist inzwischen durch Wolken verdeckt, so daß kaum Sehrohrlicht vorhanden. Beim Vorbeiziehen zum Heckschuß entsteht Rammposition. Daher schnell auf 20 Meter gegangen und abgelaufen.
3 Uhr vorm.:

Aufgetaucht und zum dritten Angriff vorgesetzt. Bugangriff kurz nach einer Kursänderung des Gegners über Wasser angesetzt. Zum Schuß selbst, da für Überwassernahschuß zu hell, getaucht.

3.30 Uhr vorm.:
Westnordwest 4, klar. Schuß aus II. Rohr, Entfernung 800 Meter. Schneidungswinkel 80 Grad. Treffer im Achterschiff.

3.40 Uhr vorm.:
Aufgetaucht, um Dampfer zweiten Torpedo zu geben.

4 Uhr vorm.:
Dampfer sinkt achtern merklich tiefer und krängt stark nach Steuerbord. Daher nicht mehr geschossen. Schiff sinkend verlassen. Das Schiff war ein großer, tiefbeladener, wahrscheinlich englischer Frachtdampfer von etwa 5000 t, langgestreckt, mit hohem Schornstein, vier großen Ladeluken, 12-cm-Kanone auf dem Heck.
Untergangsstelle: Cap Lizard in 45 Grad 10 Seemeilen.

7 Uhr vorm.:
Mit Hellwerden werden mehrere einlaufende Dampfergruppen unter starker Zerstörersicherung gesichtet. (Generalkurs 90 Grad 20 Seemeilen südlich Wolf Rock). „U 62" steht zwischen Dampfern und Küste, mit einem ungestörten Vorsetzmanöver (Fliegerwetter heute) ist nicht zu rechnen.

7.30 Uhr vorm.:
Getaucht, da Angriff auf hintersten Dampfer noch möglich scheint. Geringste Entfernung bleibt etwa 1000 Meter, sehr spitzer Schneidungswinkel, daher nicht geschossen.

9 Uhr vorm.:
West 4—5. Aufgetaucht. Nach der Kanalmitte zu ausgeholt und Vorsetzmanöver begonnen.

11 Uhr vorm.:
Dampfer kommen wieder in Sicht. Am weitesten voraus steht jetzt eine Gruppe, bestehend aus einem großen Dampfer, einem Tankdampfer, einem Kleinen Kreuzer mit vier Schornsteinen und einem Zerstörer. Dahinter folgen in einem Abstand von etwa 5 Seemeilen noch zwei Dampfer mit zwei Zerstörern als Sicherung.
Generalkurs jetzt etwa 70 Grad (auf Mitte zwischen Start Point und Casquets).

3 Uhr nachm.:

Auf der Höhe von Plymouth schwenken alle Schiffe um 90 Grad nach Backbord, so daß sechsstündiges Vorsetzmanöver vergeblich gewesen zu sein scheint. Gleichzeitig wird es diesig, so daß zeitweilig alles aus Sicht kommt.

4 Uhr nachm.:
Westnordwest 5, etwas diesig. Auf Null Grad gegangen, um für den Fall, daß der Konvoi doch noch wieder auf östlichen Kurs gehen sollte, günstig zu stehen.

4.30 Uhr nachm.:
Als es plötzlich aufklart, hat sich Entfernung erheblich verringert, so daß ich tauchen muß, um nicht gesehen zu werden. Es entwickelt sich jetzt folgendes Bild: Der Kreuzer verschwindet mit allen Zerstörern in Richtung Plymouth. Während des Ablaufens lebhafter Morseverkehr zwischen Kreuzern, Dampfern und Zerstörern. Von Plymouth her kommt eine Formation von 12 großen U-Bootsjägern, gleichzeitig stößt ein neuer großer Dampfer zu der Gruppe. Das Ganze formiert sich mit vielen Signalen zu einer langen Dwarslinie und geht wieder auf Generalkurs 70 Grad, so daß ich günstig zum Schuß stehe. In der Mitte stehen die drei Dampfer, an jeder Seite sechs U-Boots-Jäger. Der Verband fährt auf Signale Zickzackkurse.

5 Uhr nachm.:
Südwest 5, diesig. Angriff angesetzt auf den rechten Flügeldampfer. Schuß aus I. Rohr. Entfernung 500 Meter. Schneidungswinkel 90 Grad. Treffer Mitte. Schiff ist ein etwa 5000 t großer graugemalter Transporter mit gesetzter englischer Kriegsflagge, Signalrah am vordersten Mast, großen Verschlagen an Deck.
Doppelschuß konnte nicht fallen, da die drei Dampfer in der Mitte in Dwarslinie in sehr geringem Abstand nebeneinander fuhren. Nach dem Schuß schnell auf 50 Meter gegangen.
5 Minuten später heftige Explosion von Wasserbomben. Auf 50 Meter abgelaufen.

6 Uhr nachm.:
Südwest 5—6, stark diesig. Aufgetaucht. Start Point angesteuert, um, falls es wieder klar werden sollte, heute abend noch Schußgelegenheit im Dampferweg unter Land zu haben.

6.30 Uhr nachm.:
Alarmtauchen vor Zerstörer.

7 Uhr nachm.:

Aufgetaucht. Alarm. Flieger voraus. Wieder getaucht. Nach 10 Minuten aufgetaucht.
8 Uhr nachm.:
Bei plötzlichem Aufklaren nach einer Regenböe kommt Start Point an Backbord querab in etwa 10 Seemeilen Abstand in Sicht. Unter Wasser gegangen und Dampferweg angesteuert. Dicht unter Land Minensuchformationen, Segelfischer, armierte Fischdampfer.
9.30 Uhr nachm.:
Südwest 3—4, klar. Angriff auf mittelgroßen einlaufenden, von vier U-Boots-Jägern gesicherten Dampfer gefahren. Heckschuß. Schneidungswinkel 90 Grad. Entfernung 280 Meter. Treffer Mitte.
Schnell auf 50 Meter gegangen. Keine Wasserbombe, wohl weil Mine vermutet wird.
Schiff war ein grauer, bewaffneter, etwa 4000 t großer tiefbeladener Dampfer. Schußstelle: Start Point in 45 Grad 6 Seemeilen.
10 Uhr nachm.:
Mondschein, klare Nacht. Aufgetaucht. Marsch nach der Sperre angetreten."
Aus einer sehr hellen Nacht steigt am 31. August früh ein ebenso heller und klarer Tag. Gerade das, was wir befürchtet hatten. Es wehte ein leichter Westnordwest, und das Barometer stieg. Wenn wir doch jetzt den Orkan von vorgestern hätten! Wie mochte es heute abend aussehen an der Sperre? Wenn es noch flauer und sichtiger wurde? Und in der gestrigen Nacht hatte der Mond schon so groß und klar geleuchtet! Wie sollte das heute nacht werden? Zuweilen wollte sich bohrende Sorge einschleichen. Es schien fast unmöglich, heil durchzukommen. Aber ein Zurück gab es schon seit Tagen nicht mehr. Unser Ölvorrat erlaubte nur noch eine Rückkehr auf dem direkten Weg durch die Straße Dover—Calais und durch das Netz.
Den ganzen Tag über halten uns Zerstörer, U-Boots-Jäger und Flieger in Atem. Ewig schrillt und schreit die Glocke, reißt und zerrt an den Nerven, die wir heute nacht doch noch genug zu beanspruchen haben. Tauchen, auftauchen, 'rauf und 'runter. Nur jetzt sich nicht sehen und aufspüren lassen und die Sperrbewachung alarmieren! Dann war auch die letzte Chance verloren! Schließlich stehen wir wie ein eben durch ein Loch in der Schützenkette mit angelegten Löffeln hindurchgeflitzter Hase,

ziemlich „atemlos" abends um 9 Uhr nicht weit vom Südende der Colbart Bank, dem Ausgangspunkt für den eigentlichen Durchbruch.

Schon die ganzen Tage vorher hatten wir jede freie Minute benutzt, um die Spezialkarten der Straße von Dover—Calais und die Küsten und Stromverhältnisse im Kanal sorgfältig zu studieren. Schon die Navigation allein, ganz abgesehen von feindlicher Gegenwirkung, erforderte zwischen den vielen Riffen und Sänden die gespannteste Aufmerksamkeit. Um 9 Uhr abends kenterte der Strom an diesem Tage. Wir mußten also zu diesem Zeitpunkt den Durchbruch beginnen, um für den Fall, daß wir das Netz untertauchen mußten, die schiebende Kraft des Stromes im Rücken zu haben.

Unser Plan war folgender:

Abends um 9 Uhr bei der Vergoyer Tonnen, um einen navigatorisch einwandfrei sicheren Abgangspunkt zu haben. Dann mit dem Strom in Richtung der tiefen Rinne auf die Tonne 2 der Leuchtbojensperre zu. Alles unter dem Schutze der Dunkelheit über Wasser, so hatten wir geplant. Zwischen Tonne 2 und 3 durch die Sperre oder vielmehr über die Sperre hinweg und dann mit hoher Fahrt ostwärts. Waren wir einmal über die Sperre, so lag das dickste Ende hinter uns. Die engere Bewachung sollte etwa bei Boulogne anfangen und sich bis zur großen Netzsperre, die fast genau zwischen Dover und Calais lag, verdichten. Gruppen schnell hin und her patrouillierender Zerstörer standen an beiden Seiten der Sperre.

Wie nun diese Sperre unter Wasser aussah, wußte man nicht genau. Aus den Erlebnissen der Flandern-U-Boote hatten wir uns ein Bild zurechtgemacht, welches der Wirklichkeit wohl ziemlich nahe kam. Sicher war, daß der größte Teil der Straße von Calais tatsächlich durch Netze, Minen und versenkte Schiffe gesperrt war. Ebenso sicher waren aber auch Lücken darin, deren Lage allerdings unbekannt blieb. Die Wassertiefen zwischen Dover—Calais schwankten zwischen 25 und 38 Meter Tiefe und erreichten nur an einer Stelle von etwa tausend Meter Breite eine Tiefe von etwa 45 Meter. Diese Stelle hieß die „tiefe Rinne" und bot wohl noch am ehesten Aussicht, glatt durch die Sperre zu kommen, wenn man überhaupt gezwungen war, den Durchbruch unter Wasser zu forcieren. Wir nahmen an, daß das Netz an dieser tiefen Stelle nicht ganz bis auf den Meeresboden herunterhing. Die Netze waren an großen Flößen und zahllosen kleinen Schwimmkörpern, die am Tage an der Oberfläche sichtbar waren, aufgehängt. Eine Reihe von Leuchtbojen markierte die Lage der Sperre. Die Unbilden des Wetters und der ständig hin und her zerrende starke Strom, der durch die Doverstraße setzt, sorgten dafür, daß bald hier eine Boje oder ein Floß abtrieb, bald dort Löcher in der Netzabsperrung entstanden, welche immer wieder neue Möglichkeiten schufen, hindurchzuschlüpfen. Die meisten U-Boote versuchten daher, sich nachts unter dem Schutz der Dunkelheit zwischen den Bojen und Flößen hindurchzuwinden. Wurde man unter Wasser gedrückt, mußte man sehen, die tiefe Rinne zu finden, um das Netz zu untertauchen.

So etwa standen unsere Überlegungen und Berechnungen, als wir nun glücklich bis zu den Vergoyer Tonnen gekommen waren. Aber die Wetterlage hatten wir nicht vorausberechnen können. Vor allen Dingen nicht die Bewölkung und die Beleuchtungsverhältnisse in der entscheidenden Stunde.

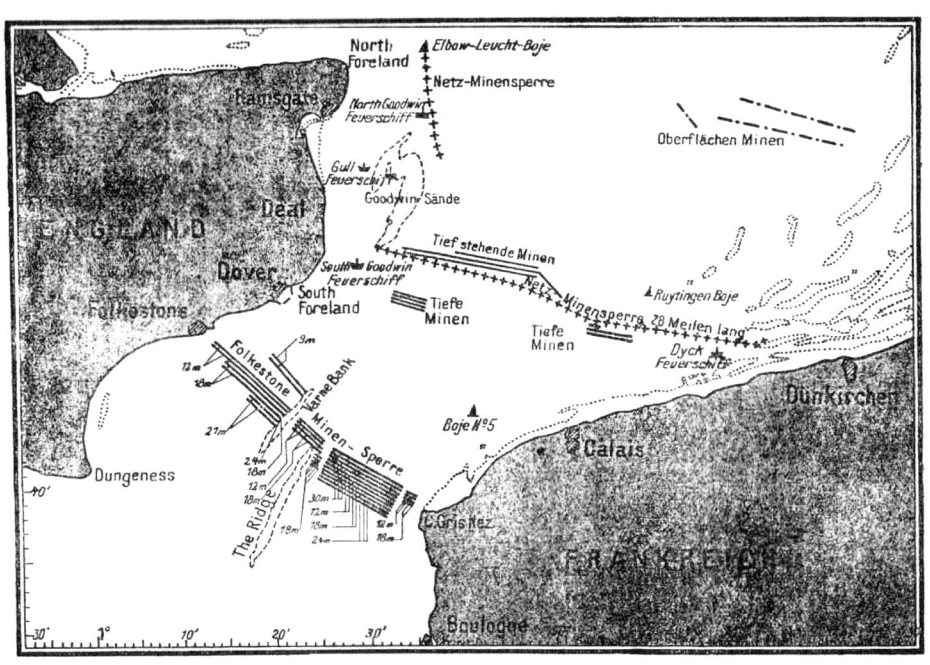

Die Netz- und Minensperre in der Straße Dover—Calais gegen Ende des Jahres 1917

Da tauchte ein weißer Schein hinter der im weißen Licht der stillen Nacht daliegenden französischen Küste auf. Der Mond stieg empor und wuchs schnell rot und riesenhaft in den Himmel. Fast wagten wir nicht, uns umzusehen. Nie hatte ich einen solchen Mond gesehen. Mit verzerrtem Gesicht hing er über den Schlachtfeldern der Westfront, höhnisch grinsend:

„Fahrt nur zu, Ihr Deutschen, fahrt nur zu! Ich werde euch schon heimleuchten auf eurem Weg, daß ihr diese Nacht nie vergessen sollt!"

Wir sahen uns an auf der Brücke. Dieses „Gesicht" war grotesk und unheimlich. Inzwischen war es fast taghell geworden. Wolkenloser, klarer Himmel, ruhige See, scharfe Kimm und eine große greuliche Bogenlampe am Himmel!

„Beide große Fahrt voraus!"

Nun gerade! Wille und Glück! Und vorwärts!

Bis Boulogne können wir ungestört über Wasser fahren. Die Feuer von Cap Gris Nez und Dungeness leuchten stark abgeblendet herüber. Bei Cap d'Alprecht müssen wir vor zahlreichen Fahrzeugen tauchen, da ein Ausweichen über Wasser ausgeschlossen ist. Wir winden uns auf Sehrohrtiefe durch mehrere kleine Dampfer, Schleppzüge und Bewacher hindurch.

Kurz nach Mitternacht können wir wieder auftauchen. Alles bleibt alarmbereit. Mit hoher Fahrt geht es der Sperre entgegen. Jetzt gilt's!

Als wir 10 Minuten gefahren sind, sehe ich in einem scharfen Nachtglas über der mondglatten See einen winzigen Punkt im Norden. Kaum Sekunden gibt's zu überlegen. U-Boots-Jäger! Alarm! In knapp einer halben Minute glättet sich die See über uns. Aber doch zu spät. Mit hoher Bugwelle schießt der Gegner heran.

„Achtung, es kommen gleich Wasserbomben", sage ich durch das große Sprachrohr nach der Zentrale. Da zerreißt auch schon der Donner die Stille. Um uns herum brüllen die Bomben. Trotz der noch großen Entfernung empfinden wir schwerste Erschütterungen im Boot. Die Sperrbewachung ist also jetzt alarmiert und ein Überwasserdurchbruch unmöglich. Bleibt nur noch das letzte Mittel: unter Wasser bleiben und das Netzgebiet und die Sperre untertauchen.

Das hatte uns nur noch gefehlt. Ich hatte nicht angenommen, schon so weit vor der Sperre — wir waren mindestens noch 10 Seemeilen davor — vom Gegner gestellt zu werden. Dadurch war das Finden der „tiefen Rinne", des „Lochs", sehr erschwert.

Von jetzt ab folgte getreulich der U-Boots-Jäger. Er hatte sich fest an unsere Fersen geheftet. Deutlich konnten wir seine Schrauben hören, über uns, hinter uns und neben uns. Oben stiegen jetzt wohl die Leuchtkugeln in die Luft, spielten die Scheinwerfer, funkten die Signale:

„Achtung, feindliches U-Boot dicht vor der Sperre auf dem Wege nach Norden! Achtung! Aufpassen! Laßt es nicht durch! Fangt den Fisch im Netz! Bringt ihn lebend nach oben oder tötet ihn in der Tiefe, aber laßt ihn nicht durch!"

Wir sind alle in der Zentrale versammelt, die Karte von der Sperre vor uns. Der riesige Bootskörper brummt dicht über dem Grunde entlang. Zuweilen stößt er hart auf den Meeresboden, daß wir umgeworfen werden. 28 Meter zuckt der Zeiger und zittert. Immer noch 28 Meter? Es mußte doch endlich tiefer werden. Oder setzte der Strom heute stärker auf die französische Küste zu, daß wir mehr „vorhalten" müssen? Wieder steuern wir hinunter, immer in dem Gefühl, daß wir uns mit dem „Kopf" so tief wie möglich ducken müssen, um unter den Netzen durchzukommen. Diesmal ist die Grundberührung unheimlich heftig. 24 Meter! Herrgott, es wurde flacher, anstatt tiefer! Wie war das nur möglich!? Fieberhaft arbeiten alle Sinne. Wir sehen im Geiste das Netz lang ausgedehnt vor uns hängen, und links mußte das Loch sein. Mehr Backbord, mehr Backbord!! Heftig schrapte gerade das Boot mit der Steuerbordseite an irgend etwas auf dem Grunde entlang. Es hämmert und poltert, als wenn Felsblöcke über uns wegrollen. Das Boot legt sich hart über, richtet sich wieder auf, stößt wieder heftig auf. Immer noch 24 Meter!

Jetzt mußten wir unmittelbar vor der Sperre sein.

„Hart Backbord!" schreie ich dem Rudergänger zu und stemme mich damit ganz instinktiv gegen irgendeine furchtbare Macht, die uns ihren Willen aufzwingen will. „Hart Backbord!" Irgend etwas ganz Radikales mußte geschehen. Nur das konnte noch helfen. Koskowski, der immer am Ruder steht, wenn Gefahr ist, dreht ruhig sein Rad, als wenn er oben im Sonnenschein stände. Von Grad zu Grad dreht sich das Boot um die Kompaßscheibe. Jetzt schiebt uns der Strom quer auf die Sperre zu. Aber es ist alles gleich. Wir müssen in wenigen Minuten das tiefe Wasser finden, oder wir laufen mitten hinein in die tödlichen Arme der Netze und Minen.

Wieder rennt das Boot gegen den Grund. 30 Meter! Ein erleichterndes Aufatmen. Nochmals 32, dann 36 Meter. Endlich, endlich! Als wir über 40 Meter haben:

„Hart Steuerbord, auf 20 Grad gehen!"

Koskowski steuert das Boot wieder zurück auf den alten Kurs. Im allerletzten Augenblick scheinen wir das Loch gefunden zu haben. Jetzt sind wir unter der Sperre. Eine helle Detonation hinter uns. Das Achterschiff bockt etwas, und die Steuerbordschraube dreht sich plötzlich unregelmäßig. Aber sonst bleibt alles still. Einmal hören wir noch Schrauben über uns. Wir stoppen und „schweben" weiter. Dann hört auch das auf. Wir sind allein und — durch!

Mit Hellwerden tauchen wir auf.

Hinter uns im Morgengrauen einige Fahrzeuge und Lichter.

Mit hoher achterlicher See eilen wir der Deutschen Bucht zu.

Unter Geleit von Minensuchbooten, die uns schon draußen aufnehmen, laufen wir am 2. September glücklich in Helgoland ein.

Einige Tage später: Dockbesichtigung in Wilhelmshaven.

Ein Flügel der Steuerbordschraube ist stark verbeult und aufgeschlitzt. Das Steuerbord achtere Tiefenruder ist nach oben verbogen. Alles, was „Blech" war, abgerissen, die Tiefenruderschutzvorrichtungen herausgebrochen.

Wir hatten wohl bei der harten Kursänderung dicht vor dem Netz mit der Steuerbordseite „gehakt" und ein Stück des Netzes mitgenommen. Durch den Zug war weiter ab ein Sprengkörper detoniert, welcher uns die „Verzierungen" abgeschlagen hatte, ohne uns ernstlich zu verletzen.

Wir standen sehr befriedigt und ganz stolz unten im Dock. Unser „Seehund" hatte wieder einmal ordentlich einen auf den Schwanz bekommen. Aber er hatte sich nur etwas geschüttelt und dachte nicht daran, sein abenteuerreiches Kampfesleben in den Tiefen seines Meeres aufzugeben.

Konvoiangriffe

Ein Geleitzug oder Konvoi ist eine Flotte von Handelsschiffen, welche sich in Zeiten der Gefahr, also besonders während eines Krieges, in einem Hafen sammeln, um unter dem Geleit und Schutz von Kriegsfahrzeugen ihre Reise anzutreten. Alle diese Schiffe fahren zusammen (daher: „Konvoi"), werden von einem Führerschiff aus dirigiert und erst in ihre Bestimmungshäfen entlassen, wenn die gefährdete Zone durchlaufen ist.

Vielleicht hat es Konvois schon in grauer Vorzeit gegeben. In das Licht der Geschichte rückt der Begriff erst nach Entdeckung der Neuen Welt, besonders aber in den großen Jahrzehnten der Segelschiffszeit, in denen die Rolle der ersten Seemacht Schritt für Schritt von den Engländern gegen Spanier, Franzosen und Holländer erkämpft wurde.

Es war die Zeit der rücksichtslosen Ausbeutung und Verteidigung der neu gewonnenen Kolonien, die Zeit der „Silberflotten", welche von Amerika und Ostindien kamen, um ihre Schätze in den europäischen Häfen zu landen. Mit der erfolgreich durchgeführten Sicherung von Geleitzügen verdiente sich schon der große holländische Admiral de Ruyter in den englisch-holländischen Kriegen im 17. Jahrhundert seine ersten Lorbeeren. Auch der englisch-französische Kampf zur See Ende des 18. Jahrhunderts war ein Kampf um den Handel und um die Beherrschung der Handelsstraßen. Im Jahre 1781 fiel ein englischer Konvoi, von Westindien kommend, französischen Kriegsschiffen zum Opfer, und im gleichen Jahre vernichtete der englische Admiral Kempenfeldt einen feindlichen Geleitzug bei Kap Ouessant. Kurz darauf gelang es dem englischen Admiral Howe, einen Konvoi sicher in das von aller Zufuhr abgeschnittene Gibraltar hineinzubringen.

Im Weltkriege tauchte das Wort „Konvoi" zuerst wieder auf, als die Entente im Jahre 1914 ihre kolonialen Hilfstruppen auf den westlichen Kriegsschauplatz befördern wollte. Fast zu gleicher Zeit starteten große Transportflotten von Indien, Australien und Kanada. Damals besaßen wir noch kein wirksames Mittel, sie aufzuhalten. Von 1917 ab wurden Geleitzüge eine bekannte Erscheinung auf den Meeren.

Zu dieser Zeit kam ich auch zu meinen ersten „zünftigen" Angriffen auf Geleitzüge, d. h. zu Angriffen bei Tage vom getauchten Boot aus.

Am Abend des 13. Oktober standen wir mit „U 62" dicht unter Land bei den Scilly-Inseln und hatten tagsüber schon mit Erfolg im Dampferweg gearbeitet. Noch dröhnten die letzten Wasserbomben im Ohr. Dann senkte sich eine dunkle Oktobernacht über die See. Das Feuer von Kap Lizard warf von der Höhe der Steilküste seine Lichtbündel über den Kanal und zeigte mit seinen feurigen Armen Freund und Feind den Weg. Beim letzten „Büchsenlicht" werfe ich im Sehrohr noch einen Rundblick und sehe weiter draußen außerhalb meines Schußbereichs ein geisterhaftes Schiff. Zwei lange Schornsteine, ein langgestreckter mit phantastischen Figuren schwarz-weiß bemalter Rumpf. Der „Fliegende Holländer"! Das Herz schlug bis zum Halse. Ein Stück Großwild! Wenn man den haben könnte! Ein Jäger wird es mir nachempfinden können, wie es mich durchzuckte, wie im halbdunklen Sehrohrausschnitt plötzlich dieser seltene Vogel lautlos vorüberglitt. Damals berührten sich unsere Schicksalsfäden zum ersten Male. Sechs Tage später, am 19. Oktober, kreuzten wir endgültig die Klingen. Einer meiner aufregendsten und erfolgreichsten Kampftage. Doch ich muß dazu noch die Vorgeschichte erzählen:

Es klingt fast anmaßend, wenn man bei den scheinbar lose aneinandergereihten Ereignissen des U-Boots-Krieges noch von einer „Vorgeschichte" sprechen will. Sicher war auch viel Zufall und Glück dabei. Aber auch Glück will erworben und verdient sein. In der Praxis des U-Boots-Krieges herrschte die Tat. Jede Überlegung und jeder Entschluß wurde binnen kurzem von den Ereignissen als richtig oder falsch „erkannt". Und in diesem Zusammenhang war doch jede Fernfahrt von Anfang an eine in sich geschlossene Unternehmung, eine Kette von Begebenheiten, die ihren Ursprung fanden in den grübelnden und zähen Gedanken desjenigen, der für den Erfolg allein verantwortlich war.

Also, diese Beute war uns vorerst entgangen. Aber die Silhouette des Schiffes prägte sich mir deutlich ein. Die beiden hohen, dicht zusammenstehenden Schornsteine, der langgestreckte, schnittige Rumpf mit dem leicht ausladenden Bug — das sitzt im Gedächtnis wie auf einer photographischen Platte.

Glücklicherweise fand ich keine Zeit, um der entschlüpften Gelegenheit lange nachzutrauern. Noch am selben Abend konnten wir mehrere Dampfer dicht unter der Küste versenken. Auch die nächsten Tage waren voll von gefährlichen Abenteuern. Am 14. morgens attackierte uns ein" Flieger. Im grellen Sonnenlicht hatte er sich unsichtbar herangepirscht und bedachte uns mit einer

Bombenladung, die uns leicht das Leben hätte kosten können. Glücklicherweise fuhren wir getaucht, so daß uns wenigstens einige Meter Wasserschicht von der Bombe trennten. Aber das Heck meines Bootes wurde durch die Detonation heruntergedrückt, so daß der Bug hoch herauskam und wir mit dem ganzen Turm wie ein Haifisch mit der Rückenflosse die Oberfläche durchbrachen. Es war ein ganz verdammtes Gefühl, dieser Augenblick. Als wenn man zwangsweise irgendwo festgehalten wird, wo einem ganz bestimmt in der nächsten Sekunde ein dicker Backstein auf den Kopf fällt. Zu unserem Glück hatte der Flieger aber alle seine Bomben schon vorher abgeworfen, so daß er nichts Handfestes mehr bei sich hatte.

Auch der nächste Tag war reich an Überraschungen. Auf einer Patrouille in der Penzance-Bay entdeckte ich einen zu Anker liegenden Konvoi. Wie von einem Magneten gezogen, wendete sich der Bug unseres Bootes dem Innern der Bucht zu. Doch die Trauben waren sauer, und ich merkte gerade noch rechtzeitig genug, daß der Konvoi hinter einem starken, von Fischdampfern bewachten Netz lag. Ich zwinge mich also zur Geduld und warte abends außerhalb des Netzes das Auslaufen der Schiffe ab. Aber es war kein Glück dabei. Durch die lange Unterwasserfahrt hatten sich die Luftdruckverhältnisse im U-Boot geändert und wohl auch auf den Mechanismus der Torpedos eingewirkt. Jedenfalls schoß ich vorbei, dreimal vorbei. Erst am 18. Oktober, nachdem wir unsere Torpedos einer gründlichen Regelung unterzogen hatten, brach der Bann.

Morgens erschien bei den Scilly-Inseln ein Konvoi von dreiundzwanzig Dampfern. Zunächst hatten wir uns das Spitzenschiff der linken Reihe aufs Korn genommen. Aber ein Zerstörer hindert mich am Schießen. Wir untertauchen die Kolonne und versuchen, zwischen der ersten und zweiten Reihe wieder nach oben zu kommen. Aber viel zu langsam geht das. Ich fühle deutlich, daß wir der Mittellinie der Dampfer zu nahe kommen. Wir hängen mitten im Konvoi, blind, dicht unter der Oberfläche! Schon höre ich Schraubenschlagen in der Nähe! „Höher kommen!" „Höher kommen!" Mein Auge presse ich zwischen die Gummimuscheln am Okular des Sehrohrs und umklammere fest die Handgriffe, um es sofort beim Herauskommen schnell drehen zu können. Endlich, endlich wird das Wasser heller, grüner, durchsichtiger. Da plötzlich Luftblasen und ein weißes blendendes Leuchten im Auge. Aber gleichzeitig sehe ich mit Entsetzen vor mir eine graue Schiffswand.

Deutlich unterscheide ich die einzelnen Nietköpfe der Schiffsplatten. Wir rammen oder werden gerammt. Irgend etwas muß jetzt passieren. Eine hoffnungslose Situation. Noch heute stehen mir die Haare zu Berge, wenn ich daran denke. Aber der Ozean ist groß, und eine gütige Vorsehung hielt ihre Hand über uns. So entkamen wir auch diesmal und rutschten gerade eben unter dem Heck des Dampfers durch. Aber daß wir dann, nur einige Minuten später, aus der dritten Reihe doch noch die „Madura" herausschossen, war eigentlich unverschämt. Die Aufmerksamkeit der Engländer richtete sich nach der Außenseite des Konvois. Und es konnte wirklich kein Mensch ahnen, daß wir von innen kamen. Nur wir wußten, daß das nicht so ganz freiwillig gekommen war.

Dann kam mit einem strahlenden Sonnenaufgang der Morgen des 19. Oktober herauf. Um 9 Uhr, als wir gerade unser Frühstück beendet haben und der Rauch der ersten Pfeife in blauen Wolkchen über unserer Brücke schwebt, erscheint ein Dampfer im Westen. Unseren Warnungsschuß beachtet er nicht, eröffnet vielmehr seinerseits das Feuer aus zwei Geschützen, so daß ein heftiges Artilleriegefecht zwischen uns entbrennt. Es war der amerikanische Dampfer „J. L. Luckenbach", ein fast 5000 t großes Schiff, dessen Kapitän tapfer und zäh seine Ladung verteidigte. Stundenlang wogt das Gefecht hin und her. Meine Leute sind mit Begeisterung bei der Sache und freuen sich fast über das Heulen und Krachen der um uns einschlagenden Granaten. Das war doch endlich mal ein Kampf in Licht und Luft! Ein frisch-fröhliches Gefecht, bei dem man den Gegner sehen und anpacken konnte. Zwischendurch versucht der Dampfer, durch Funkspruch Hilfe herbeizuholen. Anscheinend hat er im Gefecht gelitten. Aber er hält aus und meldet: „Still afloat and fighting". Gegen Mittag erscheint eine schnell größer werdende Rauchwolke am Horizont. Ein Zerstörer! Deutlich erkennen wir mit unserem scharfen Glas die kleine Funkenrah am vorderen Mast. Ein offenes Artilleriegefecht gegen einen gut bewaffneten Dampfer und einen Zerstörer, das war etwas zuviel für uns! Also mußten wir hinunter in das schützende Element. Aber gerade, wie wir in das Turmluk einsteigen wollen, ein ohrenbetäubender Krach auf unserem Vordeck. Der Zerstörer hatte uns getroffen. Splitter, Sprengstücke, losgeschossene Drahtseile sausen uns um die Ohren. Einige Leute sind betäubt, aber glücklicherweise nicht verletzt. Viel zu überlegen gab es nicht. „Oben" waren wir auf alle Fälle erledigt. Also 'runter! Und wenn der Druckkörper durchschossen war?

Beim Tauchen sehe ich durch die Turmfenster noch die letzten Einschläge, dann sind wir unter der Oberfläche. Aus allen Räumen kommen die beruhigenden Meldungen, daß der Druckkörper nicht verletzt ist. Der Feind hatte uns also nur einige Verzierungen abgeschossen, was weiter nicht weh tat. Ein erleichtertes Aufatmen. Die Sonne schien so schön in das „Aquarium", und wir waren wirklich nicht in der Laune, uns von dem Zerstörer oben zu Tode jagen zu lassen oder in der Tiefe einer Katastrophe entgegenzugehen.

Unter Wasser bot sich ein phantastisches Bild. Die über das ganze Boot führenden dicken Drahtseile, die Netzabweiser, waren auseinandergeschossen und schwabberten nun in weichen Schlangenlinien achtern um die Schrauben herum. Man konnte das alles in dem klaren Wasser durch die Turmfenster sehr gut sehen. Gott sei Dank! hatte der Zerstörer mit dem im Gefecht schwer mitgenommenen Dampfer so viel zu tun, daß er sich um gar nichts kümmerte. Wir bleiben noch etwa eine Stunde unter Wasser, immer abwechselnd mit einer Maschine stoppend, um ja keines von den stählernen Haaren in die Schrauben zu kriegen, tauchten dann auf und fanden die See leer. Die Gefechtsschäden waren bald beseitigt und das aufgerissene Oberdeck von kräftigen Seemannsfäusten wieder so weit zurechtgekloppt, daß wir anständig zur See fahren konnten. Bald haben wir Freund Luckenbach wiedergefunden. Gerade überlegen wir, ob es nicht das Beste wäre, den Einbruch der Dunkelheit für einen neuen Angriff abzuwarten, als in entgegengesetzter Richtung ein wahrer Wald von Masten hinter dem Horizont sichtbar wird. Wieder ein Geleitzug, diesmal ein ganz dicker. Vorn in der Mitte ein großer Überseedampfer, dessen hohe Schornsteine wie zwei Hasenlöffel über die Kimm schauen. Also schnell wieder hinunter. Denn mit der Kanone ist da nichts zu machen. Aber vielleicht mit dem letzten Torpedo? Und mit einem leichten Zittern in den von den Aufregungen der letzten Stunden noch überreizten Nerven fahren wir dem neuen Gegner entgegen.

Dasselbe Bild wie am Tage vorher, Dampfer in allen Größen, etwa 23 an der Zahl, um sie herum, wie die Schäferhunde um die Herde, eine Anzahl Zerstörer, grau und schnittig mit ihren gedrungenen Schornsteinen und schiefstehenden Masten. Ein kriegerisches Bild! Mein Sehrohr konnte ich vorläufig noch weit herausstrecken, mir in aller Ruhe die Formation des Geleitzuges ansehen und die Taktik der Zerstörer bei der U-Boots-Sicherung studieren. Ich wußte gleich, der in der Mitte mußte es sein, ein schwarz in grau mit phantastischen Figuren übermalter Überseedampfer mit zwei Schornsteinen. Mein Plan war, mich von dem Konvoi „überlaufen" zu lassen. Durch glücklichen Zufall stand ich in der Kursrichtung der Dampfer, ziemlich in der Mitte vor dem Geleitzug, so daß ich nicht viel mehr zu manövrieren brauchte. Auf etwa 3000 Meter Abstand wurde dann auch das Sehrohr nur noch sehr sparsam gezeigt. Wir drehen auf denselben Kurs wie der Gegner und laufen nun unter Wasser vor dem sich allmählich über uns wegschiebenden Konvoi her. Von jetzt ab bis zum Schuß vergehen noch etwa zehn Minuten, in denen ich bei sparsamstem Sehrohrgebrauch doch das Gesamtbild keine Sekunde aus dem Auge, noch besser aus dem Gedächtnis verlieren darf. Denn das „Sehen" in der Perspektive einer auf dem Wasser schwimmenden Möwe kann man sich ja vorstellen. Nie in meinem Leben werde ich diese Konvoi-Angriffe vergessen! Es war in jeder Beziehung eine hundertprozentige Höchstleistung, die von Boot und Besatzung in solchen Minuten verlangt wurde.

Jetzt passierte uns der erste Zerstörer, der „Vorreiter". Er sieht und ahnt nichts. Brausend rauscht er 300 Meter an Steuerbord an uns vorbei. Nun die nächsten vier, die schon unangenehmer sind. Mit starken und schnellen Kursänderungen wimmeln sie vor dem Spitzenschiff hin und her. Das Bild ändert sich fortgesetzt in verwirrender Geschwindigkeit. Zu Überlegungen ist keine Zeit mehr. Wille, Instinkt und — Glück müssen helfen. Einer der Zerstörer dreht auf uns zu! Hart legt er sich über bei der Kursänderung. Hat er uns gesehen, gehört? Schwabb — schlägt eine See übers Seerohr, ich sehe nichts mehr. Hält er Kurs auf uns? Dann ist er in 30 Sekunden hier. Aushalten, aushaken, mahnt die innere Stimme. Verflucht, wenn man nur sehen könnte! Da — schwere mahlende Schraubengeräusche an Backbord, ganz in der Nähe! Für Sekunden ziehe ich das Sehrohr ganz unter die Oberfläche. Dann sehe ich wieder blitzartig das Bild. Der Zerstörer ist eben hinter uns vorbeigelaufen. Abstand von den Schiffen noch etwa 500 Meter. Mächtig schiebt sich der Koloß in der Mitte gegen uns vor. Jetzt erkenne ich auch in ihm unseren Freund vom 13. Oktober. Den „Fliegenden Holländer"! Der soll mir nicht zum zweiten Male vor den Bug gekommen sein!

Ich weiß nicht, ob ich zu schildern verstehe, die wahnsinnige Nervenbelastung, die so ein Angriff auferlegte. Mein Boot war bei 6 Meter Breite 70 Meter lang! Also ein ziemlich großer oder sagen wir besser überlebensgroßer Walfisch. Dabei unter Wasser schwerfällig wie eine Schildkröte auf dem Lande. Und dabei mußten wir uns nicht nur hindurchschlängeln durch die ganze Sicherung, sondern uns auch im richtigen Moment, an der richtigen Stelle in der einzig richtigen Lage befinden, welche uns erlaubte, den Schuß abzugeben. — Da wir jetzt mitten im Geleitzug waren, mußte dauernd ringsumher — 360 Grad — beobachtet werden. Man konnte schließlich von jeder Seite überrannt werden. Das Sehrohr hat aber nur 30 Grad Gesichtsfeld. Kann man sich vorstellen, was das heißt? Ich weiß nur so viel, daß mir sehr oft in solchen Momenten der Schweiß in Strömen herunterlief, schon allein vor körperlicher Anstrengung.

Es folgen jetzt die letzten Minuten vor dem Schuß. Im Boot selbst außer dem leise mahlenden Geräusch der langsam gehenden Schrauben Totenstille. Kurze Kommandos im Turm:

„Was liegt an?" „125 Grad!" „Auf 110 Grad gehen!" „Beide Maschinen langsame Fahrt voraus!" (um nicht zu nahe heranzukommen). „Recht so!"

Plötzlich schießt ein großer Dampfer der meinem Zielobjekt zunächststehenden Reihe rasch vor und droht mir in die Visier- bzw. Schußlinie zu kommen. Mich überläuft es eiskalt... Überdeckt er zu früh das eigentliche Ziel, so fällt der Schuß aus! Oder kann ich auf den vorschießenden Dampfer schießen? Unmöglich! Die Entfernung würde vielleicht 60 bis 80 Meter betragen, was eine Mitvernichtung des eigenen Bootes, also Selbstmord bedeutet. Also schneller herandrehen ans Ziel und sofort schießen! Jetzt, Glück steh mir bei! Der Torpedo muß noch unter dem Bug des voreiligen Dampfers durchflitzen — dann hat er freie Bahn die nächsten 300 Meter!

Mit letztem Blick sehe ich noch die großen Schornsteine des Zieles über dem anderen Dampfer. Dann ertönt das Kommando: „Los!" und entspannt die gequälten Nerven.

„Beide Maschinen große Fahrt voraus! — Schnell auf 50 Meter gehen!" Junge, Junge, jetzt wurde es Zeit, höchste Zeit, wenn wir nicht über den Haufen gefahren werden wollten! Neben mir im Turm steht mein glänzender Steuermann Bening, in unerschütterlicher Ruhe lächelnd: „Der trifft doch!? Herr Kapitänleutnant?!" Der Sekundenzeiger der Stoppuhr zuckt. 10 Sekunden, 12, 15... verfolgt den Torpedo, 22... 25, 32... Sekunden. Endlich eine kräftige Detonation, der eine schwächere folgt. Über uns weg schiebt sich gerade der dicke Störenfried. Bening steckt die Uhr in die Tasche: „Wie groß ist er, Herr Kapitänleutnant?" Ehe ich antworten kann...

rrrrums! Krach! Eine Wasserbombe. Gleich sind wir bis auf 50 Meter herunter. Der Wasserschwall der Bomben umrieselt das Boot, als wenn es in Selterwasser schwimmt. Rrrrums! Noch eine. Schon schwächer. Wir legen die Ohren an, und ich führe das Boot im Bogen unter dem Konvoi heraus ins freie Wasser. Unter den dicken Bäuchen der Dampfer waren wir am sichersten. Dann wird es still... Oben hat man wohl mit dem Todwunden alle Hände voll zu tun. Im Turm drücken wir uns die Hand.

„Gott hilft dem Seemann in der Not, doch steuern muß er selber!"

Gegen 8 Uhr, nach Einbruch der Dunkelheit, tauchen wir auf. Die See ist leer. Nur Steuerbord achteraus eine dicke, schwarze, hart überliegende Masse, zwei schlanke schwarze Schatten! Aha!

Gleich darauf ein Funkspruch: „We have been torpedoed, send rescue, our position 48° Nord 9° 20' West."

Wir warten in der Dunkelheit, werden ab und zu noch von Zerstörern geärgert, die uns im Dunkeln zu finden hoffen. Abends 10 Uhr ein letzter Funkspruch: „Orama now sinking."

Also die „Orama", ein englischer Hilfskreuzer der Orient Steam Navigation Co. von 12928 t! Das war ja ein guter Fang! Die „Orama" hatte 1914 bei der Jagd auf das Kreuzergeschwader des Grafen Spee mitgemacht, war bei der „Dresden"-Affäre dabei gewesen und bei den Falkland-Inseln.

Mit tiefer Befriedigung wurde der Bericht über den Angriff aus frischem Gedächtnis ins Kriegstagebuch eingetragen. Dann gab es den „Alle-Mann-Kognak" in doppelter Auflage und eine urfröhliche Stimmung im Boot.

Mit stattlichen 31912 versenkten Tonnen konnten wir uns zu Hause sehen lassen.

Mit „alle Fahrt" ging es bei phosphoreszierender See und achterlichem Wind nach Norden. Heimwärts! Über uns der klare, sternenübersäte Himmel und drinnen die heiße Freude über den schwer erkämpften Erfolg.

U-Boots-Morgen

Hoch wölbt sich über der nächtlichen See die dunkle Kuppel des hohen Himmelsraumes. Kein Stern und kein Licht.
Wasser und Wellen, Strömen und Fließen, Wolken und Wind.
Anfang und Ende.
Atlantik.
Nirgends ist die Natur so groß und so wahr, so veränderlich und so bleibend wie draußen in der Weite des Meeres. Mit nimmermüder Gewalt zieht der Sturm seine schäumende Bahn. Nichts ändert sich, und doch ist alles jeden Augenblick neues junges Leben.
Das Meer ist der größte sichtbare Ausdruck der Natur für Ewigkeit, ist wahrhaft unendlich, ist Werden und Vergehen.
Langsam heben sich die dunklen Schwingen der Nacht empor. Schon kämpft das erste fahle Licht des jungen Tages mit der Nachhut des Sturmes, den Wolkenreitern in der Höhe. Abgeschnitten von ihrer Herde jagen sie davon, ballen sich zusammen und lösen sich auf. Segeln. Zerreißen in Fetzen. Finden sich wieder und weichen doch dem werdenden Licht.
Grau kriecht die Dämmerung von Osten her über die See. Noch jung und zaghaft. Farblos zuerst. Aber bald erhellt sie den Raum und wächst lichter und intensiver heraus. Der Morgen steigt aus den dunklen Tälern zwischen den Wellenbergen und zieht da, wo sein Licht am stärksten ist, eine scharfe Linie zwischen Himmel und Wasser.
Aber im Norden will die Nacht noch nicht weichen. Nur mühsam kämpft sich dort das Licht von einer Welle zur anderen. Dann springt es über zehn Hügel auf einmal und leuchtet in die gurgelnden und schäumenden Täler. Schießt wieder vorwärts und tastet zögernd über den Bug, die Brücke und den Mast eines gegen die Dünung hart anstampfenden Fahrzeuges. Ein grauer messerscharfer Bug ist es, der sich tief hineinbohrt in die See. Zuweilen ganz unterschneidet, dann wieder steil emporschießt, einen Berg von Wasser mit emporreißend. Hochauf sprüht es über den Steven, brandet an der Brücke, trieft von der Reling, wirft sich wieder in die Höhe über die Aufbauten, läßt die schlanken Schornsteine fahl aufleuchten und zerflattert in den grauen Morgen.
Mit zunehmender Helligkeit heben sich die Einzelheiten des einsamen Schiffes besser ab. Das Fahrzeug ist scheckig, grau und schwarz mit phantastischen Figuren übermalt. Weit vorn eine hohe

Brücke, über welcher ein schlanker Mast in den Himmel ragt. Oben daran ist ein Krähennest, ein Ausguck, darunter eine Rah. Dann kommen paarweise zusammengestellt vier Schornsteine. Hinten ein kleinerer Mast. Torpedorohre, Scheinwerfer, Kanonen. Alles sehr schnittig, scharf, gedrungen. Ein Zerstörer. Ein amerikanischer Zerstörer.

Schwer arbeitet das Schiff an gegen die Dünung, die der Sturm hinter sich ließ. Aber entschlossen drängt es vorwärts. Das Meer rauscht an seinen Seiten und wirft sich aufleuchtend und sprühend hoch hinauf.

Es ist Herbst 1917 und Krieg auch für die Amerikaner seit dem Frühjahr.

Übernächtige Gesichter. Eine Atmosphäre von Öl, Nässe und Ruß. Seit Tagen schon ist man auf Patrouillendienst, auf Suche nach deutschen U-Booten, die unter Wasser gehalten werden müssen. Nur wenn man sie an der Oberfläche frei herumfahren ließ, wenn sie weit sehen und ihre Opfer rechtzeitig erspähen konnten, waren sie gefährlich. Wenn man nur tausend Zerstörer hätte, wäre der U-Boots-Krieg bald vorbei! Unter Wasser drücken, das war die richtige Abwehr gegen diese Pest, immer unter Wasser drücken! Jetzt, wo das große Amerika den Alliierten Hilfe brachte mit seinen Massen von Zerstörern und U-Boots-Jägern, sollte es ihnen schlecht ergehen, den „Hunnen"!

Es ist inzwischen noch heller geworden, und jetzt zeigt es sich erst, daß der Sturm doch abgeflaut hat. Auch die Dünung wird von Stunde zu Stunde kraftloser und sinkt mehr und mehr in sich zusammen. Schon zeigt die See blanke Stellen. Der gestern noch brausende und fast schon winterlich kalte Nordwest hat sich gelegt.

„Eine langweilige Geschichte, dieses ewige Suchen und Spähen nach den U-Booten"... meint einer von der Wache zu seinem Nachbarn und zieht sich den nassen Südwester dichter über die Ohren. Beide lehnen sich über die Reling der Brücke. „Eine langweilige Geschichte. Fangen lassen sich die Deutschen doch nicht in freier See. Ebensogut könnten wir im Hafen liegen, als hier im unendlichen Ozean nach einer Stecknadel suchen!"

Der andere, der Wachoffizier, antwortet nicht. Irgend etwas hat seine Aufmerksamkeit erregt. Er nimmt sein Doppelglas hoch und beobachtet lange und angespannt nach vorn, setzt es aber bald enttäuscht wieder ab. Dann verschwindet er im Kartenhaus.

„Wenn bis 6 Uhr früh nichts gesichtet wird, auf Südkurs gehen, halbe Fahrt", steht dort im Befehlsbuch des

Zerstörerkommandanten für die Nacht. Er sieht nach der Uhr. Es ist gerade 6 Uhr morgens, also Zeit für die Kursänderung.

Nun tritt er wieder heraus auf die Leeseite der Brücke und gibt seine Kommandos für Ruder und Maschinen.

Das Schiff wirft sich herum und läuft jetzt mit achterlicher See und viel ruhiger liegend nach Süden. Die Wache atmet auf. Dies ewige Stampfen und Schlingern, das Zittern des Bootskörpers, dieses Knarren und Ächzen ist so aufreibend. Jetzt kommt weniger Wasser über, und man kann endlich einmal in Ruhe seine Morgenpfeife rauchen und sich auch besser unterhalten.

„Ja", nimmt der Wachoffizier das Gespräch auf, „langweilig ist das! Viel Geduld muß man haben. Und Glück dazu! Vor zwei Monaten war es plötzlich da. Ein U-Boot im Nebel in der Irischen See! Dicht vor unserem Bug. Ehe die Deutschen bis drei zählen konnten, saß ihnen der scharfe Steven zwischen den Rippen. Und jetzt unsere neuen Wasserbomben, die mit 136 Kilogramm Sprengstoff! Das hält kein U-Boot aus! Wir müssen eben aufpassen, scharf aufpassen und schnell sein! Es kommt immer mal wieder eine Chance."

Weiter spähen die beiden suchend über den Horizont. Dann wendet sich der erste um und sieht nach rückwärts. Sein Blick geht über die achtern an der Reling nebeneinander aufgestellten Wasserbomben. Fast wie Minen sehen sie aus. So groß und mächtig sind sie. Zuweilen klatscht die See über ihre unförmigen Eisenleiber und läßt sie aufleuchten im Morgenlicht. Nur ein Wink, ein schneller Griff... und sie würden ihre Arbeit schon tun an diesen verdammten Deutschen!

„Ja, die neuen Wasserbomben sind gut", wendet er sich jetzt wieder nach vorn. „Aber manchmal nützen auch die nichts. Nämlich dann, wenn man so dicht am Feinde ist, daß man selbst mit zum Teufel gehen würde. Bei Nacht und Nebel ist im Anfang des Krieges einmal ein deutsches U-Boot im Kanal mit einem englischen Zerstörer zusammengerannt. Bordwand an Bordwand haben die beiden gelegen. Unfreiwillig zusammengeworfen. Die Kanonen der Engländer konnten nicht schießen, weil das U-Boot zu dicht unter ihnen war. Im toten Winkel lag es. Und die Besatzungen beider Schiffe waren so starr vor Überraschung, so fassungslos vor Erstaunen über diese ungewollte „Nähe", daß sie sich nichts getan haben gegenseitig. Das dauerte ein oder zwei Minuten. Das U-Boot tauchte schließlich, sackte längsseit von dem Zerstörer weg und ist dann auch noch, was das schlimmste ist, heil nach Hause gekommen! Damned, wenn uns das heute passierte! Ich glaube, einen mittelalterlichen Enterkampf würden wir aufführen mit den Deutschen, mit Revolvern und Messern. Ein Handgemenge zwischen Zerstörer und U-Boot. Eine feine Sache, eine Sensation."

Ein Ruf hoch oben aus dem Mast unterbricht das Gespräch. Der Ausguckposten hat wohl irgend etwas gesichtet, aber es wird schon nichts Besonderes sein, wie oft treiben Rettungsboote oder Trümmer herum in der See! Dann kann man gerade noch feststellen, daß hier vor Stunden ein U-Boot gewesen ist, und die Überlebenden auffischen! Aber wenigstens Abwechslung ist dabei.

Da kommt wieder der Ruf. Pfeifen am Sprachrohr. „Achtung! Ein Streifen auf der See, etwas an Backbord!", meldet der Ausguck. Man sieht von unten, wie sein Arm über den Rand des Mastkorbes schräg nach vorn zeigt.

Ein Streifen auf dem Wasser? Ja, tatsächlich, da ist er! Das muß man doch untersuchen. Ein Ruderkommando. Das Boot steuert ein in die Bahn. Ein glatter breiter Streifen. Ganz deutlich ist er zu erkennen. Jetzt kann man auch sehen, daß er farbig ist. Wie eine Seifenblase schillert es an der Oberfläche und zieht sich von einer Welle zur anderen, allmählich schmäler werdend, bis weit in die Ferne.

Ein öliger Streifen... !?

Plötzlich geht ein ungeheures grimmiges und triumphierendes Lachen über die Gesichter der Yankees. Ein Ölstreifen, die Fährte eines U-Bootes! Das kann nur ein deutsches U-Boot sein!

Ein Ruck fährt durch Schiff und Menschen.

„Beide Maschinen äußerste Kraft voraus. Meldung an den Kommandanten: Ölspur in Sicht! Dreimal äußerste Kraft voraus!" fährt ein Kommando schneidend unter die Leute von der Wache. An den Rudergänger ein Wink: „In der Spur, in der Ölspur steuern!"

Mit einem Schlage ist es lebendig geworden auf der Brücke. Mit allen ihren Nerven und Sinnen sind die Menschen voraus unter der See, wo vielleicht ahnungslos ein deutsches U-Boot in der Tiefe steuert. Der Zerstörer wirft sich mit stürmender Kraft auf die Fährte. Die großen Ventilationsmaschinen brausen. Der befreite Dampf springt wie wahnsinnig in die Turbinen, wirbelt die Schrauben in höchste Umdrehungen und reißt das Schiff nach vorn. Hart wirft sich die Dünung bei der hohen Fahrt dem Zerstörer in die Seite und zwingt ihn vorn tief hinein mit dem scharfen Bug. Mit 30 Seemeilen Stundengeschwindigkeit jagen starke Maschinen das Schiff in der geheimnisvollen Bahn dahin. Alle Augen sind wach geworden und fieberhaft gespannt. Die sehnige Gestalt des Kommandanten erscheint im Aufgang zur Brücke. Gerade wirft sich ein Wasserberg hoch aufsprühend über die Reling. Das Boot legt sich hart über.

„Morning!"

„Good morning, Sir!" Ein Wetterleuchten steht auf dem Gesicht des Wachoffiziers. „Da vorn ist die Ölspur! Eine bunte Ölspur, die Deutschen! Wir wollen ihnen einen Morgengruß hinuntersenden, der ihr Abschiedsgruß werden soll von dieser Welt!"

„Stand by! Klar bei den Wasserbomben!"

Der Ölstreifen hört plötzlich auf. Der Zerstörer stoppt, um im Horchtelephon besser hören zu können. Undeutlich klingt es wie der Takt langsamer Schiffsschrauben an die Membrane. War es nicht eben Steuerbord vorne? Hastig klingeln die Maschinentelegraphen. Mit höchster Gier stürzt sich der Zerstörer in die neue Richtung. Wieder stoppt er und läuft aus in der See. Deutliche Schraubengeräusche jetzt rechts voraus! Weiter reißen die Maschinen das Schiff.

"Stop! Stand by!! Let go!!"

Klatschend fallen die schweren Wasserbomben nacheinander über Bord.

Kaum hat sich der Amerikaner von der Stelle entfernt, als gewaltige unterseeische Detonationen bald tief, bald dichter unter der Oberfläche heraufertönen. In Strudeln quillt es nach oben. Das ganze Meer ist in Aufruhr und wirft sich steil in schwarzweiß sprühenden Fontänen in den Himmel. Quellend, gurgelnd und schäumend fällt es wieder in sich zusammen.

Die Bomben sind auf verschiedene Tiefen eingestellt, um das U-Boot um so sicherer zu fassen. Auch wenn sie das Boot nicht direkt treffen, sondern im Abstand von zehn Meter explodieren, können sie tödlich werden. Das wiederholt sich noch mehrere Male. Aufgeregt jagt der Zerstörer hin und her, immer in der Hoffnung, an einer Stelle doch noch die großen Luft- und Ölblasen aufsteigen zu sehen, welche die sichere Vernichtung des U-Bootes anzeigen...

Unten in der Tiefe des Meeres, in unser Reich, dringt kein Lichtstrahl des kommenden Tages. Auch die Bewegung des Wassers, die letzten Auswirkungen des Sturmes, machen sich nicht mehr fühlbar. Das U-Boot zieht lautlos, kaum merkbar zitternd, seine Bahn. Fährt es überhaupt? Eher scheint es zu schweben. Die Besatzung schläft todmüde in den Kojen.

Ein harter Tag war das gestern im Sturm. Frühmorgens ein knappes Entkommen, beim Angriff auf einen verdächtigen Dampfer.

Das Boot hatte sich bei der schweren See nicht auf der richtigen Angriffstiefe (12 Meter) halten lassen. Wurde plötzlich herausgeworfen und kam mit dem Turm über die Oberfläche. Sofort dreht der Dampfer auf das U-Boot zu. Will rammen. Schnell, unglaublich schnell, wächst der breite, in der See schwer stampfende Bug drohend heran. „Alle Mann voraus!" schallt es hastig durchs Boot. „Schnell auf 20 Meter gehen!" Das Boot reagiert unter Wasser auch auf kleinere Gewichtsverschiebungen. So stürzt sich alles durch den engen Schlauch nach vorne. Den Bug herunter und Gewicht nach vorne! Nur unter in die Tiefe, weg von dem Bullen hinter uns! Aber der Sturm hilft jetzt wieder, hält den Dampfer zurück, der nicht so schnell drehen kann. Dicht hinter uns, fast noch über uns hinweg schiebt sich das Ungetüm. Dann eine helle Detonation, ein Grollen, wieder ein Schlag. Auf 30 Meter gehen! Ein Krach. Rrrummm! Bomben! Ruhe! Nerven! Schließlich wird es still. Der Dampferkapitän hatte seine Prämie nicht verdienen können. Und die Wasserbomben? Also wohl wieder mal eine U-Boots-Falle. Bald konnte man kein Schiff mehr anfassen, ohne auf einen Hinterhalt gefaßt sein zu müssen.

Dann aufgetaucht gegen die See. Festgebunden auf dem Turm. Stundenlang. Abends etwas abflauend und Artillerieangriff auf einen Dampfer. Vergeblich, die See ist noch zu grob. Sogar die Geschützbedienung ist festgebunden beim Schießen an der Kanone. Berge von Wasser stürzen sich über das Vorschiff und quetschen und verletzen die Leute, so daß die Verfolgung aufgegeben werden muß. Spät am Abend getaucht zur Nachtfahrt unter Wasser.

Und jetzt spielt der große Zeiger des Tiefenmanometers zwischen 40 und 42 Meter. Die Zentrale ist ganz hell. Der Lampenschein von der Decke spiegelt sich in den Glasscheiben der zahllosen Manometer, spielt um das Messinggehäuse des großen Mutterkompasses und blinkt in all dem Stahl und Eisen.

Im Schott sitzt Leutnant Illing und beobachtet die Arbeit seiner Leute. Am großen Handrad des vorderen Tiefenruders steuert Bootsmaat Mauritz, am hinteren Tiefenruder ein Matrose, der angelernt wird. Die technische Wache hat Obermaschinistenmaat Güthing, der als Westfale sich niemals aus der Ruhe bringen läßt. Er kennt genau alle die Geräusche um sich in den Leitungen, Rohren und Tanks. Das Glucksen und Spülen, das Klopfen, Murmeln und Gurgeln. Er hört und fühlt alles und kennt die Melodie „seiner" Maschinen. Die Augen der beiden, die steuern, wandern zwischen Tiefenmanometer und Wasserwaage hin und her. Kaum merklich bewegen sich die Flossen des großen Stahlfisches vorne und hinten. Auf und ab spielt der rotgefärbte Wasserspiegel in der Glasröhre der Wasserwaage, auf und ab wie das Quecksilber in der Nervenröhre des U-Boots-Fahrers. Immer bereit, in der Sekunde nach oben zu springen und das Herz bis zum Halse schlagen zu lassen. Leise summen die Dynamomaschinen in der Schweigsamkeit der Tiefe.

Mit einem Male kommt ein feines Singen und Schlagen aus der Ferne hinter dem Boot.

Im gleichen Augenblick wird die Tür von der Funkenbude aufgerissen. „Schraubengeräusche achteraus!" ruft der Funkengast Melzer mit wachen Augen in die Zentrale. In seiner stickig-heißen und engen Funkenbude hatte er die Nacht über einen zähen Kampf mit der tödlichen Müdigkeit geführt. Immer das Telephon am Ohr und den Bügel über dem Kopf. Er weiß, was Schraubengeräusche bedeuten.

„Kommandanten wecken, alle Mann auf Tauchstationen"... weiter kommt der Leutnant gar nicht.

Das ferne Mahlen ist rasend schnell zu einem unheimlichen Rauschen und Brausen angewachsen. Zerstörerschrauben!! Wie das Flügelschlagen von Riesenvögeln rauscht es heran... Dann Stille, wie abgerissen.

Eine ohrenbetäubende Explosion reißt uns alle mit einem Schlage aus dem Schlaf. Das Boot bäumt sich und zittert. Wie heißes Wasser brodelt und rieselt es um uns. Hastiges Laufen im Boot. In wenigen Sekunden ist jeder auf seiner Station.

Zitternd, noch mitten aus dem Schlaf...

Steuermann Bening stürzt mit mir in den Turm. Noch auf der Leiter stehend, die nach oben führt, rufe ich zurück: „Hart Backbord, beide halbe voraus, auf 60 Meter gehen!"

In diesem Augenblick geht es wie ein Schrei durch die Stahlmasse des Bootes. Eine zweite gewaltige Detonation rüttelt und schüttelt wie wahnsinnig an den Wänden. Atemlos stehen wir. Alles Denken ist tot. Der Augenblick steht still. War das das Ende? Es kracht und knirscht und wirft uns um im Turm, gegen die Wand. Das Licht erlischt. Dunkel.

Bombe auf Bombe. Über uns, neben uns, hinter uns. Wie ein Mensch zittert das Boot in dieser Höhe von Explosionen und Erschütterungen. Lampen und Gläser springen. Das Drahtseil eines

Sehrohres reißt. Ein herumschlagender Handgriff schlägt dem Steuermann ins Auge.

Im Boot ist es zwischen den Explosionen ganz still.

Kein Raten, kein Fragen. Unter meinen Füßen, nur durch ein Luk und eine Eisenleiter von mir getrennt, meine 40 Leute. Sie wissen und sehen nichts vom Feind. Spüren nur, wie er brüllend mit gierigen Krallen nach uns greift. Nur die Phantasie arbeitet.

Wer ist der Wütende da oben? Mit zusammengebissenen Zähnen harren sie aus, tun ihre Pflicht an Ventilen, Hähnen, an Rudern und Maschinen in harter, ungeheurer Selbstverleugnung. Sie vertrauen ihrem Führer oben. Heiß klopfen die Herzen. Mechanisch machen Arme und Hände die notwendigen Bewegungen und Griffe. Sie wissen, es geht ums Ganze, ums Leben. Jeder ist an seiner Stelle genau so nötig wie der Kommandant oben.

Wir versuchen, den Bomben auszuweichen. Im Zickzack, im Kreis. Nach Gefühl und Instinkt. Glück ist alles. Wo wird die nächste fallen? Hinter uns? An Backbord? Auf uns? Wer weiß es? Sicherlich nicht da, wo die letzte war, die dem Feind keinen Erfolg brachte. Also dorthin! Mitten hinein in die Hölle! Es gehört schon eine Portion eiserne Entschlossenheit und ein starkes Selbstvertrauen dazu, das vielleicht über Leben und Tod entscheidende Kommando zu geben.

Da — wieder eine Detonation. Etwas schwächer schon, und hinter uns. Ob er uns verliert da oben? Wir schlagen einen neuen Haken, wie der Hase in der Treibjagd. Allmählich werden die Pausen größer zwischen den Explosionen und die Bomben schwächer. Der Ausdruck harter Entschlossenheit in unseren Gesichtern entspannt sich. Nur kein unnötiger Lärm jetzt! Geräuschlos fahren! Jeder Laut kann das Leben kosten! Jedesmal, wenn wir wieder Schrauben hören über uns, gehen auch wir auf höhere Fahrt, um den Abstand zu vergrößern. Wenn der Feind stoppt und horcht, stehen auch unsere Schrauben still.

Oben ist der Ölstreifen durch unsere vielen Kursänderungen und das Imkreisedrehen durcheinandergerührt. Der Zerstörer tobt herum, hat keinen Anhaltspunkt mehr und hat uns auch in seinem Horchtelephon verloren.

So schleichen wir uns so leise wie möglich davon. Erst spät nach Stunden, als alles still bleibt, sehen wir heraus. Der Zerstörer sucht immer noch, aber schon weit ab von uns. Schließlich strecken wir das Sehrohr höher hinaus und sehen ihn am Horizont verschwinden. Dann tauchen wir auf und sehen jetzt endlich die Ursache für diesen Überfall. Die Ölspur! In dem schweren Wetter der letzten Tage war durch die heftigen Bewegungen, die das Boot in der See machte, ein Ölbunker leck geworden. Die Nieten hatten sich an einer Stelle gelockert. So sickerte mit der Zeit Öl heraus und verriet uns dem patrouillierenden Zerstörer in einer langen, hinter uns an der Oberfläche hergezogenen bunten Schleppe. Unter Wasser konnten wir von dem Vorgang nichts ahnen. Das war eine wertvolle Erfahrung für die Zukunft!

Noch in völliger Dunkelheit mußten wir morgens auftauchen. Hatten wir dann einen Ölstreifen, konnten wir das bei Hellwerden selbst rechtzeitig bemerken und den Fehler abstellen. Bis in die Morgendämmerung hinein unter Wasser zu fahren, war gefährlich. Durch Schaden wird man klug, auch unter Wasser... Im dienstlichen Kriegstagebuch stand nur wenig von solchen Ereignissen. Allenfalls nur kurze Notizen:

6.10: Schraubengeräusche von Zerstörer hinter dem Boot.
6.12: Heftige Detonation, Backbord achtern. Wasserbombe.
6.15: Sehr schwere Explosion schräg über uns. Das Boot wird heftig erschüttert. Einige Lampen platzen. Das Licht geht vorübergehend aus. Keine ernsteren Verletzungen.
6.20—7.30: Verschiedene Detonationen, allmählich schwächer werdend.
8.10: Auf zehn Meter gegangen. Amerikanischer Zerstörer in 5000 Meter Abstand.
9.10: Aufgetaucht. Nichts mehr in Sicht.

Die Notwendigkeit einer kurzen, gedrängten, strengsachlichen Berichterstattung schrieb uns diesen Stil vor. Von unserem Innern, von unseren Gefühlen, stand nichts darin.

Die Franzosen waren anders.

Ende 1916 geriet das französische U-Boot „Turquoise" vor den Dardanellen in ein von uns gegen die feindlichen U-Boote ausgelegtes Netz. Der Franzose hatte sich so darin verwickelt und verstrickt, daß er nur noch auftauchen und sich mit seiner Besatzung den türkischen Batterien ergeben konnte. Die „Turquoise" wurde wie ein Fisch aus dem Netz herausgeschnitten und völlig intakt nach Konstantinopel gebracht. Bei einer genauen Untersuchung des Bootes fand man viele geheime Papiere und wichtige Nachrichten, die für uns von höchstem Wert waren. Unter anderem auch Ort und Zeit eines Treffens, das kurz darauf mit dem englischen U-Boot „E 20" verabredet war. Auch der Befehl des französischen Flottenchefs fand sich vor, den die „Turquoise" von der Unternehmung erhalten hatte:

„Es wird Ihnen die großartige Aufgabe zuteil, nach dem Marmarameer zu fahren und dort die türkischen Transporte nach Gallipoli zu unterbinden. Die Augen ganz Frankreichs sind auf Sie gerichtet."

In sein Tagebuch hatte der französische Kommandant schon am dritten Tag der Unternehmung, wohl etwas mürbe gemacht durch unsere Abwehrmaßnahmen, geschrieben:

„Mein Gott, wie soll das nur werden! Achtzehn Tage sollen wir hier bleiben. Wie soll man das nur aushaken. Es ist furchtbar!"

In Konstantinopel holte man in größter Eile ein dort in Reparatur befindliches kleines U-Boot aus der Werft und schickte es an den Treffpunkt mit dem Engländer. „E 20" traf dann anstatt mit der „Turquoise" mit einem deutschen Torpedo zusammen, der das Boot mit dem größten Teil der Besatzung in Stücke riß.

Allmählich kehrten unsere Nerven in ihre alte Lage zurück und entspannten sich. Das Quecksilber rutschte herunter, aber zitterte doch noch etwas nach. Das war ein böses Erwachen gewesen an diesem Morgen!

Abends drängte sich die Besatzung bei schönem Wetter oben auf dem Turm zusammen. Die Welt schien so friedlich zu sein, und jeder philosophierte für sich über die letzten Erlebnisse.

„Morgenstunde hat Gold im Munde?"

Gewiß! Denn das Gold war Leben und Freiheit, die uns dieser „U-Boots-Morgen" neu geschenkt hatte.

Winternacht in der Irischen See

Zerstörer waren im Anfang des Krieges harmlos. Wenn man vorsichtig genug war und sich nicht rammen ließ! Überraschungen in unsichtigem Wetter waren gefährlich. Wasserbomben gab es damals noch nicht. Man mußte Zerstörern nur immer hübsch aus dem Wege gehen und sich nicht etwa einfallen lassen, sie zu reizen. Ihre Abwehr hatte praktisch keinen Erfolg, schon wegen ihrer verhältnismäßig geringen Anzahl, denn die Hauptmasse der englischen Zerstörer war damals bei der „Großen Flotte". Eine Hochseeschlacht zwischen Deutschen und Engländern lag zu dieser Zeit noch nicht ganz außerhalb aller Möglichkeit. Jellicoe war allerdings schlau genug, sich zurückzuhalten. Aber wir Deutschen hätten heran müssen an die englische Hauptmacht zur See. Wir konnten im Nahkampf nur gewinnen.

Später, von 1917 ab, wurden Zerstörer unser tägliches Brot. Schon in der Nordsee lauerten sie uns auf. Ihre Hauptwaffen waren ihre große Beweglichkeit und die Wässerbomben, und, wenn sie uns schon durch ihre Anwesenheit nur unter Wasser drückten und stundenlang unter Wasser hielten, war das eine Erschwerung und Verzögerung unserer Unternehmungen. Im Kanal bewachten sie die Sperre Dover—Calais und oben um England die Durchfahrt zwischen den Orkneys und den Shetlandinseln. Sie waren buchstäblich überall und nirgends. Nie war man ganz vor ihnen sicher. Wie es überhaupt während der langen Wochen einer U-Boots-Fernunternehmung niemals auch nur eine einzige Minute gab, in welcher das Boot außer Gefahr war.

Manche Leute sagen, daß das U-Boot eine heimtückische Waffe sei, weil es versteckt und hinterlistig, selbst ohne große Gefahr zu laufen, an sein Opfer heranschlich. Solche Leute sind niemals mit uns gefahren. Die Augen der Unterseebootfahrer hatten nichts Hinterhältiges, Heimtückisches in sich. Im Gegenteil, sie waren groß und offen, ruhig und frei, wie die Augen alter Menschen zu sein pflegen, die durch schwere Erfahrungen gegangen sind und gelernt haben, sich freiwillig einzusetzen für etwas, das höher ist als das eigene Leben.

Die Hauptarbeit der Zerstörer bestand in der Begleitung einzelner wertvoller Schiffe und vor allem ganzer Konvois durch die Gefahrenzone. Lange bevor ein U-Boot einen Konvoi überhaupt sehen konnte, versuchten sie schon, uns abzudrängen. Ihre

Hauptschwäche war, daß sie immer gegen einen unsichtbaren Feind denken, handeln und kämpfen mußten. Nachts war ihre Kampfkraft uns gegenüber wesentlich geschwächt. Wenn es nur einigermaßen dunkel genug war, blieb ein über Wasser fahrendes U-Boot auch auf nahe Entfernungen unsichtbar. Aber Angriffe bei Nacht über Wasser erforderten einen sicheren Blick und viel seemännisches Geschick. Aus dem U-Boot wurde ein Torpedoboot. Wie oft haben wir einen Angriff gefahren und auch Schiffe versenkt, wenn ein Zerstörer sozusagen unmittelbar danebenstand! Viele U-Boots-Offiziere hatten schon im Frieden eine dreijährige Torpedobootsschule durchgemacht und wußten, worauf es ankam.

Auf meiner Dezemberunternehmung 1917 in die Irische See arbeiteten wir fast ausschließlich nachts über Wasser. Dies auch vor allem deswegen, weil tagsüber der U-Boots-Gefahr wegen nur einzelne schnelle Schiffe zwischen der englischen und irischen Küste verkehrten.

Einen solchen schnellfahrenden Zweischornsteindampfer griff ich eines Morgens auf verhältnismäßig flachem Wasser an. Schon nach neun Sekunden eine ungeheure Detonation. Glassplitter im Boot und so weiter. Wir dachten an eine schwere Luftschiffbombe. In Wirklichkeit war es unser eigener Torpedo, der sofort nach Verlassen des Rohres infolge eines Fehlers an seinen Tiefenrudern dicht vor uns in den Grund gegangen war und uns seine 200 Kilogramm Sprengstoff um die Ohren geschlagen hatte. Diese Erfahrung war deshalb besonders unangenehm, weil wir nichts aus ihr lernen konnten. Denn schießen mußten wir doch immer wieder, und ein technischer Versager in dem sehr feinen Mechanismus des Torpedos war und blieb stets möglich. —

Diese Winterfahrt in die Irische See war voll von spannenden Erlebnissen.

Tagsüber war die See wie ausgestorben. In der Nacht wurde sie lebendig. Dann blinkte und blitzte es um uns in der Runde, und die Feuer leuchteten auf aus den Buchten und von den Inseln.

Unter der englischen Küste bei Holyhead ziehen Schatten entlang. Irgend etwas ist da. Aber wir können auf dem dunklen Hintergrunde auch mit scharfen Nachtgläsern nichts Genaues sehen. Jetzt tritt die Küste zurück in eine Bucht. Wir ziehen uns näher heran. Zwei Fahrzeuge, sehr lang und gedrungen, werden sichtbar. Zerstörer! Der nächste vielleicht 2000 Meter entfernt. Dann ein tief im Wasser liegender Dampfer. Alles ohne Lichter, abgeblendet. Zwei kaum auszumachende Unregelmäßigkeiten auf der See hinter dem Schiff, zwei kleine „Höcker". U-Boots-Jäger? Da ist unmöglich heranzukommen. Ein U-Boot kann bei Nacht unter Wasser durch das Sehrohr nichts sehen und daher auch nicht angreifen. Über Wasser ist bei der Stellung der Zerstörer aber auch nichts zu machen. Wir verfolgen diese Gesellschaft noch eine ganze Zeit, bis wir in die Nähe des Carnarvon-Feuerschiffes kommen. Der Geleitzug verschwindet dann im Hintergrunde der Bucht, und wir beschließen, uns in der Nähe dieses Ansteuerungspunktes auf die Lauer zu legen.

Vorsichtig schleichen wir heran an das Feuerschiff. Hinten in der Kajüte brennt Licht. Da sitzen sie wohl jetzt, die alten Seebären, bei Grog und Karten. Oder sie machen Eintragungen in ihr Loggbuch über alle die Notrufe, die sie heute mit ihrer Funkenantenne aufgefangen haben. In der Frühe war eine Unterwasserdetonation in Richtung Holyhead. Zwei Flieger und ein Luftschiff flogen mittags vorbei. Eine Zerstörerflottille passierte am Abend. Sonst keine Ereignisse. Jetzt kreist die große Lampe oben über dem im Dunkeln liegenden Schiffskörper. Jedesmal, wenn der Lichtstrahl die Stage und Wanten trifft, läuft es wie kleine Blitze um den Mast. Hoch sieht das Feuer über unsere Köpfe hinweg in die Nacht. Aber wir müssen aufpassen, daß wir außerhalb des Lichtkegels bleiben. Und doch ist es so beruhigend, einmal ganz dicht bei Engländern zu sein, die nicht gleich mit Wasserbomben schmeißen. Auch wir lassen die Feuerschiffsleute unbehelligt. Seezeichen waren sozusagen neutral im Kriege. Sie zeigten Freund und Feind den Weg.

Gegen Mitternacht zieht im Westen ein Fahrzeug vorbei. Wir verlassen unseren Anstand und pirschen uns näher heran. Es ist ein großer, tiefbeladener Dampfer. Ungesichert. Stunden dauert es, bis wir so weit aufgeholt haben, daß wir den Überwasserangriff ansetzen können.

Um einen sicheren Schuß haben zu können, müssen wir Geschwindigkeit und Kurs des Schiffes möglichst genau kennen. So laufen wir zuerst eine Zeitlang in etwa tausend Meter Abstand neben dem Schiff her, genau mit derselben Geschwindigkeit wie der Gegner. Es ist jetzt so dunkel geworden, daß mit bloßem Auge nur eine verschwommene Masse neben uns zu erkennen ist. Neun Seemeilen messen wir an unseren eigenen Umdrehungen. Es ist grauenhaft, so neben seinem Opfer herzufahren und zu wissen, daß es vielleicht noch zehn oder zwanzig Minuten zu leben hat, bis der feurige Tod aus der See steigt und alles verschlingt. Es ist ernst unter den wenigen Männern bei uns auf der Brücke. Die Schrecken des Krieges machen stumm. Jedes Kommando bei uns, jede Bewegung, jeder Griff gilt dem Tod der anderen. Alles ist genau vorherbestimmt. Wir selbst sind zum Schicksal geworden...

Paulsen steht neben mir im Dunkeln und setzt den Zielapparat auf einen kleinen Zapfen am Turmumbau. Inzwischen haben wir uns vor das Schiff gesetzt und auch seinen Kurs bestimmt. Genau Südwest. Wenn unser Torpedo in einem Winkel von 90 Grad zum Schiff treffen soll, müssen wir also im Augenblick des Schusses Nordwest steuern.

Das Prinzip des Zielapparates beruhte auf den Grundgesetzen des Dreiecks. Der eine Schenkel des Dreiecks war beweglich. Diesen „Gegnerarm" richtete man mit einem Fadenvisier auf das Ziel ein. Der Abstand beim Schuß, den wir uns wählen konnten — man mußte ihn allerdings richtig schätzen, denn messen konnten wir ihn ja nicht —, und Kurs und Geschwindigkeit des Gegners waren die „bekannten Größen".

„Welche Geschwindigkeit soll ich einstellen?" fragt Paulsen aus der Dunkelheit.

„Neun Seemeilen", sage ich.

Wir fahren wieder seitlich heraus und parallel zu dem Dampfer. Unsere Position ist so, daß von jetzt ab jeden Augenblick der geplante Angriff durchgeführt werden kann.

„Welchen Abstand und welchen Schneidungswinkel?"

„Fünfhundert Meter und 90 Grad!"

Ich sehe, wie Paulsen seine Einstellung am Zielapparat mit einer Taschenlampe kontrolliert. Nach der Seite hin, wo der Dampfer fährt, hält er die Hand vor seine Lampe. Man kann nicht vorsichtig genug sein.

„Alle Mann sind auf Tauchstationen", meldet mir der Leitende Ingenieur von unten aus der Zentrale. Bei Kampfhandlungen ist jeder Mann auf seiner Station. Bereit sein, ist alles. Nur niemals den Gegner unterschätzen. Die Freiwache der Leute hat bis zu diesem Augenblick geschlafen. Jetzt stehen sie noch etwas verstört an ihren Maschinen und Ventilen.

„Was ist denn los oben?" fragt einer noch halb verschlafen.

„Überwassernachtangriff auf einen großen Dampfer. In zehn Minuten wird angegriffen!" ruft ihm ein anderer zu, der bis eben frische Luft genommen hat auf dem Turm und die Vorbereitungen mit angesehen hat.

Was war das für ein seltsames Leben im U-Boot! Krieg und „Frieden" hart nebeneinander. Immer alles ohne Übergang, ohne

Vorbereitung. Schlaf, toter Schlaf. Stunden. Dann plötzlich Rufe, Befehle. (Die Alarmglocke wurde nur bei Gefahr in Tätigkeit gesetzt, um die Nerven zu schonen.)

Angriff auf einen großen Dampfer! Erst allmählich wird man wach und fühlt, wie das ganze Boot fiebert vor Erwartung.

Ich prüfe noch einmal alles, visiere zur Probe auf tausend Meter den Dampfer an, kann aber nicht mehr sehen als eine dunkle Masse. Beim Schuß auf 500 Meter Abstand wird es ja besser sein.

„Angriff beginnt!!" pfeift es durch die Sprachrohre des Bootes in alle Räume. Unten im Maschinenraum ein Klingeln an den Telegraphen. Dreimal springt der Zeiger auf „Äußerste Kraft" und bleibt dann dort liegen.

„Äußerste Kraft! Angriff!" Über das Gesicht des Maschinisten Metzler zuckt ein Leuchten. Er reißt die Ventile auf und arbeitet an den Hebeln. Winkt und dirigiert. In dem Höllenlärm ist kein Wort zu verstehen. Nur durch Zeichen kann man sich verständigen. Und die Motoren arbeiten wie wild, hämmern und donnern und reißen die Schrauben mit unbändiger Kraft herum. Dem Feind entgegen!

Oben jagt das Boot durch die Nacht und bohrt sich mit dem Bug tief hinein in die See. Dann hebt es sich wieder hoch heraus und sprüht seinen Gischt über den Turm.

Dem Feind entgegen! Stander „Z" vor! 'ran an den Feind!!

Herrliches Gefühl! Angriff! Wille und Kraft. Das Pferd hat die Sporen. Seine Flanken zittern. Mit vorgestrecktem Hals stürmt es mit uns davon.

In wenigen Minuten muß der Gegner in den Visierfaden des Zielapparates einlaufen.

Groß und mächtig schiebt sich das Schiff aus der Nacht heran. Schon sehen wir die breite gespenstisch aufleuchtende Bugwelle, die der Dampfer vor sich herschiebt.

„Beide Bugrohre fertig!"

Näher und näher wächst es heran. Drohend und unheimlich.

„Erstes Rohr, Achtung!"

Ich stehe gebückt mit dem Auge am Visierfaden und sehe, wie die Bugwelle passiert. Dann ist alles wieder schwarz. Jetzt kommt der vordere Mast, jetzt die Brücke, der Schornstein...

„Erstes Rohr, los!!!"

Unten im Turm drückt Bening auf einen winzig kleinen Knopf, die elektrische Abfeuerung des Torpedos. Wir haben uns im Laufe der Kriegsjahre gut eingespielt aufeinander. Er kennt meine Stimme und ich seine Hand. Wir mißverstehen uns nicht. In dem Augenblick, in

dem das befreiende „Los" ertönt, flitzt der Torpedo auch schon heraus aus seinem Rohr.
    Wir reißen das Boot im gleichen Augenblick herum nach Backbord, um den Abstand von der Explosionsstelle zu vergrößern. Ein silbriger Streifen geistert über das Wasser. Er zeigt vor den Dampfer. Der Torpedo!
    Wir alle auf dem Turm starren nach dem dunklen Schiff. Plötzlich eine riesenhafte Feuersäule in der Nacht. Groß und mächtig steigt sie in die Dunkelheit. Gleich darauf eine gewaltige Detonation. Unsere Trommelfelle zittern. Es beißt in den Augen vor Helligkeit. Wir sehen, wie der Schiffskörper unter feuriger Rauchentwicklung in zwei Teile bricht. Das Vorschiff versinkt wie ein Stein in der See. Das Achterschiff bäumt sich heraus, glüht und zischt. Das lange Rohr einer Kanone leuchtet auf im Feuerschein und starrt wie in letzter Abwehr zu uns herüber. Zu spät. Noch einmal lodert es hoch auf. Dann sinkt mit einem Schlage alles in die Nacht. Nur ein Licht noch auf der See, das armselig zuckt. Die Nachtrettungsboje des Dampfers, die sich beim Untergang von selbst gelöst hatte und nun als Grabstein über den Unglücklichen leuchtete.
    Kein Wort bei uns auf dem Turm. Große Erlebnisse machen stumm. Wir wußten, daß wir unsere Pflicht taten. Auge um Auge, Zahn um Zahn.
    Der Dampfer hatte anscheinend Brennstoff, wahrscheinlich Gasolin geladen. Das Schicksal hatte ganze Arbeit gemacht und Schiff und Menschen in wenigen Sekunden vernichtet.
    Diese Nacht sollte uns noch ein anderes Abenteuer mit Zerstörern bringen. Wir hatten uns gegen Morgen mehr nach Westen gezogen und fühlten uns im Dunkel der Winternacht an den vielbefahrenen Dampferweg zwischen Kish-Feuerschiff und Holyhead heran. Über Langeweile konnten wir nicht klagen, da es um uns herum wimmelte von Zerstörern, Bewachern und Dampfern. Ein großer tiefbeladener Dampfer war unser Ziel, der anscheinend nach Liverpool hineinwollte. Aber zwei Zerstörer sicherten ihn, und es schien fast unmöglich, heranzukommen. In der pechschwarzen Nacht waren wir einem von ihnen schon einmal zu nahe gekommen und hatten gerade noch ausweichen können. Aber etwas von dem Öldunst unserer Dieselmaschinen war anscheinend in seine Nase gekommen. Jedenfalls waren beide Zerstörer sehr aufgeregt. Wir wohl auch etwas, denn die Situation war kritisch und gefährlich. War es nicht besser und vor allem sicherer, zu tauchen und auf den großen Dampfer, wenn auch schweren Herzens, zu verzichten?

Da plötzlich ein helles Licht achteraus an Steuerbord. Instinktiv fliegt die Hand an die Alarmglocke, zögert aber noch einen Augenblick. Was war das? Hatte man uns gesehen? War höchste Gefahr? Da blitzt es durch die Nacht in abgehackten Morsezeichen: „Keep a sharp look-out, german submarine ahead!" Ein Zerstörer warnt über uns hinweg den andern! Unsicher zuckt ein Strahl des feindlichen Scheinwerfers über unsere Brücke. Meine Leute lachen. „Sie sehen uns nicht!" Und meine Hand löst sich zögernd wieder vom Taster der Glocke. Jetzt noch einige Sekunden aushaken, nervenaufreibende Sekunden. Wie ein Schemen zieht der schlanke Schatten des letzten Zerstörers an uns vorüber und verschwimmt wieder mit dem Dunkel. Hinter uns löst sich ein größerer, riesenhafter aus der Nacht — der Dampfer! Jetzt nach Durchbrechung der Sicherung haben wir freie Bahn. Es war ein faires Spiel, das wir den Zerstörerkommandanten angeboten hatten. Aber die Engländer konnten es nicht zu ihrem Vorteil wenden und mußten ihren Morsespruch teuer bezahlen.

Der Dampfer wußte sich in einer Weise zu wehren, welche wir nicht voraussehen konnten. Unser Torpedo fuhr ihm vorne in den Laderaum und erzeugte eine hohe mit Kohlenstaub vermischte Sprengwolke. Todwund und schwer sinkt das Schiff auf der Stelle mit dem Bug in die See. Wir beobachteten, einige hundert Meter davon, im Dunkel der Nacht. Aber, was ist das? Der Schatten des Dampfers wird plötzlich wieder größer, wächst ins Riesenhafte. Macht er denn noch Fahrt? Habe ich die Entfernung verschätzt? Will er uns mit letzter Kraft noch rammen? Aber er sank doch schon! Blitzschnell durchzucken mich diese Gedanken. Gleichzeitig ein hastiges Kommando zu den Maschinen. Immer näher rückt das Untier. Jetzt endlich kommen wir in Fahrt.

Wie ein Stier nimmt er uns an mit gesenktem Kopf! Wir halten den Atem an. Dreimal äußerste Kraft! Endlich ein Krachen, Bersten und Splittern. Fast senkrecht ragt das Heck des unglücklichen Dampfers in die Nacht, und wir erleben das grandiose Schauspiel, daß das Schiff 50 Meter von unserem Turm mit dumpfem Rauschen in die Tiefe geht.

Schiffe, die sich nachts begegnen!

1918

Das letzte Kriegsjahr war das schwerste. — Durch drei lange Jahre haben wir unseren Feinden Zeit gelassen, das Wesen des U-Bootes bis in seine letzten Geheimnisse zu studieren. Er verfolgt und bekämpft uns an der Oberfläche. Durch Nebel und Sturm. Aus der Luft und in den Tiefen des Meeres. An den Küsten und auf offener See. Es ist, als ob das Meer selbst zu den Feinden übergegangen ist. So fiebert es in Angriff und Abwehr, wie elektrisiert. Jede Welle ist feindlich. Die Küstenfeuer sind falsch und die Lichter auf der See trügerisch. Man „hört" uns, „horcht" auf das ferne Schlagen unserer Schrauben und tastet über den Meeresboden mit elektrischen Fingern. Zu Tausenden schwimmen die kleinen grünen Glaskugeln auf dem Wasser, losgerissen von den Netzen, die man überall nach uns gestellt hat.

Die U-Boots-Abwehr ist zu vollem Leben erwacht. 90 Prozent aller Dampfer sind bewaffnet. Zerstörer und U-Boots-Jäger, Minen und Bomben, Flugzeuge und Luftschiffe, Netze und Horchapparate, sie alle stehen, aktiv oder passiv, aber gut geleitet und einmütig zusammen gegen das U-Boot. Hinter ihnen die ganze englische Nation mit dem unbeugsamen Willen zu siegen und in der unbeirrbaren Überzeugung, daß das Unheil nur durch einen starken nationalen Willen aufzuhalten ist.

Auch der Ersatz der versenkten Schiffe durch Neubau ist in Schwung gekommen. Amerika baut seine „victory ships", seine Standarddampfer in 55 Tagen.

Es kommt zu einem gewissen Ausgleich der Kräfte zwischen uns und unseren Gegnern. Die Versenkungsziffern werden niedriger, und die Verluste mehren sich. Trotz alledem bleibt aber das U-Boot immer und unverändert die schwerste Bedrohung für die englische Seeherrschaft, gegen die sich das Inselreich mit allen und äußersten Mitteln wehrt.

Aber den großen Vorsprung, den das deutsche Volk mit seinen U-Booten vor allen Feinden hatte, als es in den Krieg zog, hat es freiwillig drangegeben. Keiner Waffe, nicht den großen Mörsern und Zeppelinen, nicht unseren Flugzeugen oder „Parisgeschützen" hat der Feind jemals so hilflos und starr vor Schreck gegenübergestanden als gerade dem deutschen Unterseeboot. Es war, als wenn England durch Jahre gelähmt war vor Entsetzen, bis es sich zuletzt in einer ungeheuren Kraftanstrengung, unterstützt von seinen amerikanischen Bundesgenossen, aufraffte, um uns zu bekämpfen.

Bei richtiger Verwendung hätte noch in den Jahren 1915/16 das Ergebnis einer dreiwöchigen Fernfahrt eines U-Bootes im Mittel 20000 bis 30000 Tonnen sein können, als Ausnahme 50000 bis 60000 Tonnen. Aber eine kurzsichtige und schwächliche Politik fesselte unsere Kraft und schlug uns die beste Waffe aus der Hand.

1918 mußte schon ein Ergebnis von 15000 bis 20000 Tonnen als gute Leistung angesehen werden. So manches Boot, das neu war, kehrte ohne jede Tonne zurück. Eine erfolgreiche Fahrt in die Gewässer um England und die sichere Rückkehr des Bootes in den Heimathafen war eine ungeheuer schwierige Aufgabe geworden.

Die Deutsche Bucht war durch Minen blockiert. Die neue englische Mine war an die Front gekommen und funktionierte jetzt endlich nach jahrelangen Versuchen gut. Die deutschen Minen waren schon seit Kriegsausbruch einwandfrei und sind in ihrer Konstruktion kaum geändert worden. Die deutschen Minensucher kämpften einen verzweifelten Kampf gegen diese Minenoffensive, die uns vom Feind bis dicht vor unsere Tür getragen wurde. Der deutschen Flotte drohte die Einschließung in den eigenen Häfen. Um unsere U-Boote nicht unnötigen Verlusten auszusetzen, benutzten wir immer häufiger beim Ein- und Auslaufen den Weg durch den Kaiser-Wilhelm-Kanal nach der Ostsee. Und dann nach Norden durch den Sund, das Kattegatt und Skagerrak. Schon in dänischen und schwedischen Gewässern begann die feindliche Gegenwirkung in Gestalt von Minen und auf der Lauer liegenden U-Booten.

Obenzu in der Nordsee empfing uns die große amerikanische Sperre. Weit und breit kein Schiff. Eine tödliche, einsame Stille über der See. Aber unter der Oberfläche fieberten Tausende von Minen und warteten, daß sie aufbrüllen durften bei der leisesten Berührung. Wir mußten hindurch, wenn wir uns nicht dem Willen des Feindes ausliefern und an den schmalen Durchfahrten passieren wollten, welche an beiden Seiten unter der Küste freigelassen waren.

Dann kam oben um England ein Stück freies Meer. Wenigstens keine Minen. Aber überall englische Augen, im Wasser, über dem Wasser und an den Küsten, fieberhaftes Wachsein, alles wartete auf uns. Zerstörer, Fischdampfer, Flugzeuge, armierte Jachten und U-Boots-Jäger. Es hatte jetzt Zweck, ein von weitem gesichtetes U-Boot zu verfolgen. Früher war das aussichtslos gewesen. Jetzt konnte man sich an seine Fersen heften. Man konnte unter Wasser fühlen, hören, tasten und verfolgen. Man konnte auch unter Wasser töten.

Der freie Atlantik zeigte sein altes Gesicht. Aber die englische Westküste war dunkel und drohend. Die schönen einsamen Inseln, weit draußen im Meer, wie St. Kilda, North Rona und Sulisker sind „Horchposten" geworden, Stützpunkte. Jetzt wehrte sich England in seiner ganzen Natur, jeder Lebensnerv war Abwehr. Und trotzdem kamen wir durch und griffen an und versenkten wie früher. Die See war leer. Segelschiffe waren ausgestorben. Fast kein alleinfahrender Dampfer mehr. Einzelne wertvolle Schiffe zusammen fahrend unter starker Sicherung. Oder, wie meistens, massierte Geleitzüge unter starker Bedeckung.

U-Boots-Fallen in jeglicher Gestalt, neue Systeme, alles auf „Horchen" eingestellt. Ein einzelnes Schiff war immer verdächtig. Wie Lockenten schwammen sie auf der See. Aber unsere Haare waren nicht umsonst grau geworden im Laufe der Jahre. An die 50000 Seemeilen hatten wir mit „U 62" über Wasser, fast 4000 Seemeilen unter Wasser zurückgelegt. Wir waren alt und erfahren. Nur das Glück, das Kriegsglück, das kein Soldat und kein Seemann entbehren kann, mußte uns treu bleiben!

Zu Anfang des Jahres 1918 gelang den Engländern endlich auch die effektive Absperrung der Straße Dover-Calais. Zwischen Folkestone und Griz Nez wurde ein zehnreihiger Minenwall gelegt, der die Straße unter der Oberfläche hermetisch abschloß. Wurde ein U-Boot in der Nähe gemeldet, so flammte auf ein Signal eine Reihe von Bojen in weißem Magnesiumlicht auf und verwandelte die Nacht in strahlende Helle. Das U-Boot mußte tauchen und wurde durch den Minenwall mit größter Wahrscheinlichkeit vernichtet. Viele Spinnen warteten im Netz auf ihr Opfer. Die Sperre war wirklich eine „Todesbarriere" geworden. Ihre Fertigstellung bedeutete das Ede des Unterseebootsstützpunktes Zeebrügge an der flandrischen Küste. Wir mußten ihn aufgeben, als ein Boot nach dem anderen nicht zurückkehrte.

Im August 1918 sind wir wieder draußen. In der Durchfahrt bei Fair Flieger. An der Westseite der Orkneys ein kleiner Scheinkonvoi. Zwei Dampfer mit Zerstörern, die weit vor den Schiffen fahren. Wir beobachten lange und angespannt. Nach Stunden macht der Konvoi kehrt. Jetzt kommen wir näher heran und sehen, daß die Schiffe äußerlich in „Dampfer" verwandelt, in Wirklichkeit aber große

U-Boots-Jäger sind. Scharfer Bug, abfallendes schräges Heck, hohe Brücke usw. Vorsicht! Wir schleichen uns lautlos davon.

Dann braut zehn Tage lang Nebel über dem Meer. Tief ziehen die Wolken. Kein Ausblick, kein Schiff, Wasser und Himmel. Graue Schwaden, wie Gardinen über den Wellen. Alles naß und grau. Zehn lange Tage.

Wir ziehen uns langsam weiter nach Süden, auf der Suche nach besserem Wetter. Erst in der Biskaya, dem sonst so berüchtigten Wetterkessel, klart es auf, und wir sichten am 6. August 1918 um 6 Uhr nachmittags im Osten eine Rauchwolke. Dann eine feine Mastspitze mit einer Funkenrah. Da wir einen Zerstörer vermuten, tauchen wir sofort.

Das Schiff kommt näher. Ein Amerikaner. Scheckig wie eine bunte Kuh. Vier Schornsteine. Aber merkwürdig, der Zerstörer steuert ganz geraden Kurs nach Westen und läuft auch nicht einmal so hohe Fahrt. Als wenn er hier draußen gar nicht mit uns rechnete und irgendeine andere, ganz bestimmte Absicht verfolgte. Wir lassen das Schiff vorbei und tauchen wieder auf, als es aus Sicht ist.

Was nun? Wie können wir herausfinden, was der andere in der Nase hat? Wenn man jetzt doch in sein Loggbuch sehen könnte! Am besten ist es, wir fahren hinterher, hängen uns an. Im Kielwasser eines Zerstörers! Das war mal etwas Neues! Vielleicht führte der uns ganz von selbst auf die richtige Fährte. Ob er einen Konvoi treffen oder einen einzelnen wertvollen Dampfer einbringen will? Wir werden ja sehen. Wir laufen also mit hoher Fahrt hinterher, bis die kleine Funkenrah wieder eben sichtbar wird über der Kimm. Dann halten wir den Zerstörer auf „Abstand", bis es dunkel wird.

In der Nacht gehen wir näher heran, um unseren „Vordermann" nicht zu verlieren, aber bald wird es diesig, und wir müssen aufpassen wie die Luchse. Ich gehe auf einen Augenblick unter Deck, um die Seekarte zu studieren, in der wir die möglichen Kurse des „imaginären" Konvois eingetragen haben. Wahrscheinlich würde wohl Brest oder St. Nazaire sein Ziel sein.

Um halb zwölf Uhr schrillt die Alarmglocke. Noch während ich nach oben stürze, gleitet unser großer Fisch lautlos unter die See. Vom Wachoffizier höre ich im Turm, daß der Zerstörer mit einem Male dicht vor unserem Bug gewesen ist. Er hatte wohl eine seiner Maschinen vorübergehend gestoppt oder vielleicht wegen der Unsichtigkeit des Wetters überhaupt seine Fahrt vermindert. Natürlich waren wir in diesem Augenblick etwas zu weit aufgeschlossen. Bei dem Amerikaner war hinten eine Tür aufgegangen, und eine vermummte Gestalt erschien im flackernden Licht, das über dem Kielwasser geisterte. Denen auf dem Turm war der Pulsschlag stehengeblieben, für einen Augenblick. Schnell die Hand an die Glocke! Alarm! Denn wehe, wenn man auch nur den kleinsten Schatten von uns geahnt hätte! Ein Herumreißen in der Nacht, ein Sprung des Tigers — und aus dem Jäger wäre die Beute geworden!

Aber es blieb still. Man hatte wohl nichts gemerkt. Wir hören auch keine Schraubengeräusche und sind nach zehn Minuten wieder oben, denn wir dürfen ihn ja nicht verlieren, unseren Tiger!

Im Westen schimmert ein Licht. Wir halten darauf zu und sind bald wieder auf der richtigen Spur. Der Amerikaner hat nach achtern schlecht abgeblendet, und so fahren wir also ganz getrost immer dem Licht nach. Die ganze Nacht.

Im Morgengrauen lassen wir uns wieder sacken, vergrößern den Abstand, aber leider wird aus dem Dunst dann Nebel, so daß wir schließlich die Fährte ganz verlieren. Wir haben aber das Gefühl, den „Anschluß" an irgend etwas schon gefunden zu haben. Um uns ist reger funkentelegraphischer Verkehr. Laut und leise funkt es durch die Luft, alles Handelsschiffe, nach dem langsamen Tempo und dem brummenden Ton zu urteilen. Wir stecken mitten dazwischen im Nebel. Ein scheußliches Gefühl, alles hören, aber nichts sehen zu können. Da wird es lichter für einen Augenblick, und gleich haben wir einen Dampfer etwa 5000 Meter an Steuerbord.

Mit Alarm nach unten und Angriff. Die Entfernung wird etwas groß, weil wir das Schiff erst so spät gesehen haben. Auf 900 Meter fällt der erste Schuß. Aber in der ungünstigen Beleuchtung habe ich die Fahrt des Gegners mit neun Seemeilen überschätzt. Der Torpedo geht vorne vorbei. Der Dampfer sieht entsetzt die tödliche Blasenbahn unter seinem Bug und keift wütend mit seinem achteren Geschütz nach unserem Sehrohr. Wir müssen ihn aus Sicht kommen lassen, gehen dann wieder nach oben und nehmen die Verfolgung durch den Nebel auf.

Jetzt hören wir an den Funksprüchen, daß unser Gegner Franzose ist. Er meldet unseren Angriff. Irgendeine helle Stimme (Kriegsschiff?) antwortet ihm. Der Konvoiführer? Hat er dem Schiff den Standort des Geleitzuges gegeben, damit es heranschließen kann? Oder was funkt da geheimnisvoll um uns herum in der Luft?

In unseren Köpfen rumort und fiebert es. Wir fühlen irgendwie, daß wir auf der richtigen Spur sind.

Der Gegner fährt aufgeregt Zickzackkurse. Oft wird das Schiff vom Grau des Horizontes ganz verschlungen. Dann taucht es wieder auf und verschwindet wieder. Eine aufregende Jagd! Wir folgen und sehen mit einem Male wieder einen Dampfer in ungefähr derselben Richtung. Schnell herunter. Kaum haben wir Zeit genug, noch Fahrt und Kurs zu schätzen und den Vorhaltewinkel am Sehrohr richtig einzustellen, dann fährt schon der Torpedo aus seinem Rohr. Treffer im Achterschiff. Nach fünf Minuten sinkt das Schiff wie ein Stein. Von den Rettungsbooten erfahren wir, daß es der norwegische Dampfer „Lorna" ist. Also nicht unser Franzose. Die Verwechslung hatte dem Franzosen das Leben gerettet. Aber für uns war es auch so gut. Denn der Norweger hatte eine „schwere" Ladung. Daher der schnelle Untergang. Das Schiff kam von Norfolk und wollte nach Brest mit 461 Stahlplatten, 2111 Stahlbarren, 6919 Barren Kupfer, 12400 Büchsen Fleisch und 48 720 Sack Zucker.

Gut, daß der Stahl nicht in die französischen Arsenale und die Lebensmittel nicht an die Westfront gekommen waren! In deutsche Häfen brachten die Norweger keine Lebensmittel.

Inzwischen ist es Abend geworden. Die Vorhänge über der See heben sich. Immer weiter dringt der Blick. Schließlich liegt das Meer wieder weit und frei vor uns. Im Westen ist die Sonne im Sinken.

Wir überlegen und grübeln, studieren die Karte und verfolgen noch einmal den Kurs des Zerstörers während der Nacht. Dann die Punkte, wo wir heute den Dampfer angegriffen haben. Schließlich kommen wir zu dem Resultat, daß das „Unbekannte", das wir suchen, das wir nur in geheimnisvoll chiffrierten Zeichen in der Luft haben „sprechen" hören, im Süden von uns stehen muß. Man kann nur raten und fühlen. Das andere ist Kriegsglück.

Wir richten unsere großen Masten auf, schlagen oben eine Taille an und heißen den Bootsmannsstuhl bis an die Spitze. Von oben kann man weiter sehen als vom Turm. Obermaat Paulsen läßt es sich nicht nehmen, selbst den Ausguck zu spielen. Er hat Adleraugen! Irgend etwas wollen wir durchaus finden, wir müssen es finden! Unermüdlich bohren sich die Augen der Wache in die Ferne, immer von neuem wandert das Doppelglas an der scharfen Linie des Horizontes entlang.

„Er muß bald kommen", höre ich meinen zweiten Wachoffizier hinter mir sagen. Leutnant Wagner ist ein begeisterter U-Boots-Fahrer. Wer „er" ist, der kommen soll, weiß er selbst nicht, aber daß etwas in der Luft hängt, das fühlt er deutlich. So fahren wir lange mit gespannten Augen und wachen Sinnen in den sinkenden Abend hinein.

Um zehn Uhr kommt ein Ruf von oben:
„Steuerbord querab Rauchwolken und mehrere Fahrzeuge!"
Von unten können wir erst zehn Minuten später etwas erkennen, aber es fängt schon an, stark zu dunkeln. Also schnell nieder mit den Masten und runter in die Tiefe! Und dann mit allen Nerven und Sinnen und der Kraft unserer Maschinen den Schiffen entgegen.

Es ist ein großartiges Gefühl, als wir nun eine Mastspitze nach der anderen, einen Schornstein nach dem anderen über den Horizont kommen sehen. Und vorneweg ein Kriegsschiff mit vier abgesetzten Schornsteinen! Wohl ein Franzose.

Da war er, der langgesuchte Konvoi! An den wir uns buchstäblich herangefühlt, oder besser noch, herangedacht hatten. Eine zweitägige aufregende Arbeit hatte sich endlich gelohnt. Wenn es jetzt nur lange genug hell bleibt!

Im Westen wird der Himmel rot. Hoch über dem Horizont stehen noch einzelne schwere Wolken, die unten leuchten, als wenn sie brennen. Wir können fünfzehn verschiedene kleinere und größere Dampfer unterscheiden. Aber noch sind keine Angriffsaussichten. Denn der Geleitzug ist gleich nach dem Tauchen auf südlichen Kurs gegangen.

Um halb elf Uhr abends verändert sich das Bild. Alle Schiffe schwenken hart herum und ordnen sich dann wieder in einer Linie, die jetzt 40 Grad und genau auf uns zusteuert. Als der neue Kurs anliegt, stehen die Kriegsschiffmasten genau hintereinander. Wir halten die Masten „in eins", wie der Seemann sagt, und rauschen mit hochausgefahrenem Sehrohr dem Feinde entgegen.

Durchs Sprachrohr sage ich in alle Räume: „Angriff auf großen Geleitzug. An der Spitze ein französischer Panzerkreuzer."

Es wird jetzt schnell dunkel, und ich sehe, daß der eigentliche Konvoi dem Kreuzer erst in großem Abstand folgt. Um Minuten kann es sich handeln, daß noch „Büchsenlicht" genug da ist für den Schuß. Wenn ich unter Wasser überhaupt noch etwas erreichen will, muß ich den Kreuzer zuerst angreifen, obgleich die Dampfer dahinter natürlich die wertvolleren Ziele sind. Das ist schade. Ich hoffe aber im stillen, daß wir später in der Nacht den Konvoi wiederfinden und dann zum zweitenmal zum Angriff kommen werden.

Ein Heckdoppelschuß soll auf den Kreuzer fallen.

Der Abstand verringert sich jetzt schnell, und wir ziehen das Sehrohr dicht unter die Oberfläche. Schon präsentiert sich der Feind vor uns deutlich als französischer Panzerkreuzer. Seine Backbordseite ist wie in Blut getaucht, die Steuerbordseite schwarz. Masten und Aufbauten stehen wie drohende Silhouetten gegen den Himmel. Auf tausend Meter drehen wir ab nach Backbord.
„Auf 130 Grad gehen. Beide Maschinen kleine Fahrt. Beide Heckrohre fertig!"
Auch dem ruhigsten Mann schlägt das Herz in solchen Augenblicken bis in die Kehle und hämmert an den Schläfen. Groß und mächtig steht das Schiff jetzt breitseits gegen den düsterroten Abendhimmel.
Es ist 10.43 Uhr abends. Der Steuermann hat seine Hand schon am Rande des Abfeuerungsknopfes.
„Beide Heckrohre Achtung!"
Jetzt schneidet der Bug des Franzosen in die linke Kante des Sehrohres. Ein rotes Leuchten zuckt über der aufschäumenden Bugwelle. Der Visierfaden passiert den vorderen Geschützturm...
„Drittes Rohr... Looos!!"
Jetzt die beiden vorderen Schornsteine...
Da rast schon der erste Blasenstreifen auf sein Ziel zu.
„Viertes Rohr... Looos!!"
Zusammen mit dem zweiten „Los" hören wir eine starke Detonation im Boot. Nach fünf Sekunden die zweite. Beides Treffer!!
Hoch steigen die gewaltigen grausig schönen Wassersäulen, schwarz und rot zerfetzt bis über die Masten. Mit letztem Blick sehe ich noch, wie sie über dem Schiff wieder zusammenfallen. Dann gehen wir tiefer herunter. Die Feinde hatten 1918 auch Minenwerfer an Bord, mit denen sie Minen durch die Luft nach der Angriffsstelle des U-Bootes schleuderten. Es folgten noch 28 Detonationen um uns und über uns.
Am Unterwassertelephon sitzt Funkenmaat Kneisel, das „Ohr" von „U 62", und registriert jede Explosion. Eine tiefe Befriedigung geht über sein Gesicht. Ein Franzose! Ein französischer Panzerkreuzer! Das erste französische Kriegsschiff, das wir im Kriege antrafen auf der See. Endlich war mal etwas „Positives" im Telephon zu hören. Nicht nur immer die Schraubengeräusche von Zerstörern und krachenden Bomben. Wie hatte er sich abgequält in den letzten Tagen mit all den brummenden und singenden Tönen in der Luft! Wie hatte er auch kombiniert und in Gedanken gesucht über der See. Kneisel wußte, wie sehr sein Kommandant und das ganze

Boot abhängig war von seiner Wachsamkeit, Stunden und Tage, wochenlang. Aber er war ein stiller Mann mit einem eisernen Willen zur Pflicht. Viele solcher Leute hatte Deutschland auch noch 1918 auf den U-Booten.

Nach 20 Minuten tauchen wir auf. Ein Licht flackert in unserer Nähe. Die Nachtrettungsboje. Es ist inzwischen rabenschwarze Nacht geworden, und wir fahren mit äußerster Vorsicht an das Licht heran, um keine Rettungsboote zu rammen. Vielleicht können wir von der Boje den Namen des Schiffes ablesen.

Kaum sind wir einige hundert Meter gefahren, als wir schon mitten drin sind unter den Schiffbrüchigen und den Flößen. Von den Leuten in den Booten hören wir den Namen des Schiffes. Es ist der französische Panzerkreuzer „DupetitThouars", 9500 Bruttoregistertonnen. Vier Munitionskammern waren explodiert.

Inzwischen sind die Schiffe des Konvois wild auseinandergelaufen. Vor sich in der Nacht haben sie ja deutlich genug die hohen Feuersäulen gesehen und den Donner der Explosionen gehört. Der Führer war wohl erledigt. Der „älteste" Dampfer springt für ihn ein. Kneisel meldet durchs Sprachrohr das Signal des neuen Führers:

„Ralliez, ralliez — Schließt Euch zusammen! Alleine seid Ihr noch gefährdeter als im geschlossenen Verbande! Also schließt wieder heran!"

Aber das war schwer getan in der dunklen Nacht, und die Schiffe irrten lange umher, bis sie wieder Fühlung miteinander gewonnen haben. Der Wolf war in die Schafherde eingebrochen. Ich vermute, daß alle Schiffe, sobald sie sich vom ersten Schreck erholt haben, wieder auf Ostkurs gehen werden. Also erst mal mit hoher Fahrt nach Osten vorstoßen! Spätestens würden wir dann bei Hellwerden wohl rechts oder links vor uns wieder „Anschluß" finden.

So stürmen wir durch die Nacht hinter den Schiffen her. Um drei Uhr früh schält sich an Backbord eine dunkle Masse heraus. Einer der Dampfer. Wir bestimmen Kurs und Fahrt und greifen über Wasser an. Zum zweitenmal in dieser Nacht steigt die Feuersäule hoch empor. Es ist der englische Dampfer „Westward Ho", der selbst noch sein Sinken meldet. Gerade wollen wir in der Morgendämmerung noch den dritten fassen, als der Himmel aufreißt und es in Sekunden so sichtig wird, daß wir tauchen müssen. In breiter Formation zieht der Konvoi vor uns weg nach Osten, unerreichbar für uns. Der Schuß auf „Westward Ho" war mein letzter Torpedoschuß im Kriege.

Ja, westwärts! Westwärts waren wir gefahren durch Tage, Monate und Jahre. Im Westen, an den sturmumbrandeten englischen Küsten hätte sich das Schicksal Deutschlands wenden können.

Im Westen im Kampf mit dem meerbeherrschenden England.

Im Westen ging die deutsche Sonne für lange Zeit unter.

Ausklang

Die „politische" Entwicklung des U-Boots-Handelskrieges ist kein Ruhmesblatt in der deutschen Geschichte geworden. Sie ist gekennzeichnet durch Zaudern und Unsicherheit, durch Befehle und Gegenbefehle und durch einen Mangel an Instinkt für das Wesen dieses neuartigen Seekrieges, der von einzelnen Booten, losgelöst von den eigenen Küsten und fast immer ohne Nachrichtenverbindung mit der Heimat, unter den schwierigsten Verhältnissen auf hoher See ausgekämpft werden mußte.

Die letzten und großen Entscheidungen über die Führung des U-Boots-Krieges wurden beeinflußt und bestimmt von Politikern und Staatsmännern, die das Meer nicht kannten. Ihre verhängnisvolle Unwissenheit trieb sie zu schwächlichen und halben Entscheidungen, in einem Kampfe, der von Anfang an bei aller von selbst gebotenen klugen Vorsicht nur bei Anwendung aller Mittel und dem Einsatz aller Kräfte im rechten Augenblick zu gewinnen war.

Der im Kriege von Deutschland betriebene U-Boots-Bau — auch er war von der Politik abhängig — beweist, daß wir den Wert des U-Bootes zu spät erkannt haben. Um die Wende der Jahre 1915/16 konnte es jedem Deutschen klar sein, daß mit einem schnellen Kriegsende nicht mehr zu rechnen war. Das U-Boot war zu dieser Zeit keine unbekannte und unerprobte Waffe mehr. Hätten wir schon damals eine „Oberste Seekriegsleitung" im Großen Hauptquartier gehabt (sie wurde erst 1918 eingerichtet), wäre wohl das große und weitschauende U-Boots-Bauprogramm, das schließlich im Herbst 1918 in Kraft gesetzt wurde (das sog. „Scheer-Programm"), zu rechter Zeit begonnen worden.

Das sind traurige Erkenntnisse, aus denen wir lernen müssen für die Zukunft. Auch hier waren es die alten Erbfehler der Deutschen, die Uneinigkeit, der Mangel an Wirklichkeitssinn, an politischem Weitblick und an Weltklugheit, die das deutsche Volk verhinderten, in den schicksalswendenden Fragen des U-Boots-Krieges kraftvoll und einig zusammenzustehen, ehe es zu spät war. Dieser Krieg ist heute Vergangenheit geworden für uns und doch niemals vergessen.

Das lebendige Wissen um ihn, sein Erleben und seine Geschichte wird Generationen überschatten. Für uns Deutsche haben Thomas Carlyles Worte ihren besonderen und tiefen Sinn bekommen:

„Die Geschichte ist ein großartiges Trauerspiel, das auf der Bühne der Unendlichkeit aufgeführt wird, mit den Gestirnen als Beleuchtung und der Ewigkeit als Hintergrund."

So wird auch die Geschichte dieses Krieges in uns fortleben, als ein immerwährendes Memento, als ein warnendes gewaltiges Denkmal unter den Volkern Europas.

Auf den Grabstein der deutschen Flotte hat Tirpitz geschrieben:

„Das deutsche Volk hat die See nicht verstanden. In seiner Schicksalsstunde hat es die Flotte nicht ausgenutzt."

Denke daran, Deutscher, und lerne daraus! Werde stark und frei wie das Meer, trotze den Stürmen und deinem Schicksal! Vergiß nicht das Stirb und Werde! Unsere Flotte ist versunken, aber sie soll auferstehen und mit ihr ein freier deutscher Geist in einem freien deutschen Volk!

Unsere Toten schlafen in fremder Erde, jenseits unserer Grenzen, oder dort, wo die Sonne aus Wolken und Nebelschleiern ein leuchtendes Kreuz über die Meere wandern läßt. Unseren Toten gilt unsere unvergängliche Liebe und Dankbarkeit.

SM UC 22

Technische Daten	Zweihüllen - Hochsee - Boot
Werft	Blohm & Voss Hamburg
Verdrängung über / unter Wasser	417 / 493 t
Länge	49,35 m
Antrieb	Dieselmotoren 2 x 250 PS E-Maschinen 2 x 230 PS
Geschwindigkeit über / unter Wasser	11,6 / 7,0 kn
Bewaffnung / Torpedos Minenschächte / Minen Artillerie	2 Bugrohre / 1 Heckrohr / 7 Torpedos 6 Minenschächte / 18 Minen 1 x 8,8 cm
Besatzung Offiziere / Mannschaft	2 / 21

SM UB 21

Technische Daten	Einhüllen - Küsten - Boot
Werft	Blohm & Voss Hamburg
Verdrängung über / unter Wasser	263 / 292 t
Länge	36,13 m
Antrieb	Dieselmotoren 2 x 142 PS E-Maschinen 2 x 140 PS
Geschwindigkeit über / unter Wasser	9,15 / 5,81 kn
Bewaffnung / Torpedos	2 Bugrohre / 4 Torpedos 1 x 5 cm
Besatzung Offiziere / Mannschaft	2 / 21

SM U 62

Technische Daten	Ms-Typ	Zweihüllen-Hochsee-Boot
Werft	Bau-Nr. 217	AG Weser Bremen
Baureihe		U 60 - U 62
Kiellegung		28.06.1915
Stapellauf		02.08.1916
Indienststellung		30.12.1916
Verdrängung	über Wasser unter Wasser	768 t 956 t
Länge		67,00 m
Breite		6,32 m
Antrieb		Dieselmotoren 2 x 1200 PS E-Maschinen 2 x 600 PS
Ölbunker		78 - 129 t
Geschwindigkeit	über Wasser unter Wasser	16,5 kn 8,4 kn
Fahrbereich	über Wasser unter Wasser	8600 Sm bei 8 kn 49 Sm bei 5 kn
Tauchtiefe		50 m
Tauchzeit		30 - 50 sek.
Bewaffnung	Torpedorohre Torpedos Artillerie	2 Bugrohre / 2 Heckrohre 7 Torpedos 1 x 10,5 cm
Besatzung	Offiziere / Mannschaft	4 / 32
versenkte Schiffe		46 + 2
Tonnage		123 252 BRT + 10 750 t
Kommandanten	Hashagen, Ernst Kptl. Wiebalck, Otto Kk. Hashagen, Ernst Kptl.	30.12.1916 - ? 10.02.1918 - 9.03.1918 05.1918 - Ende

1. Typ einer englischen U-Boots-Falle
(Die „Suffolk Coast" im Hafen von London)

2. Der „Master"
Der englische Kommandant in Zivil — steigt durch ein verstecktes Luk auf die Brücke

3. Das „Sehrohr" der U-Boots-Falle
In der Mitte mit dem Pilzdeckel

4. Die „Panic Party" stürzt in die Boote

5. Westwärts!

6. Der Turm von „U 62"

7. Steuermann Bening   8. Oberingenieur Schirmer   9. Lt. z. See Illing

10. Freizeit hinter dem Turm

Links auf der Reling Funkenmaat Kneisel und der Gefechtsrudergänger Koskowski. In der Mitte mit den Hunden Obermaat Budzinski (sitzend) und Torpedomaat Windel. Auf dem Turm die Wache

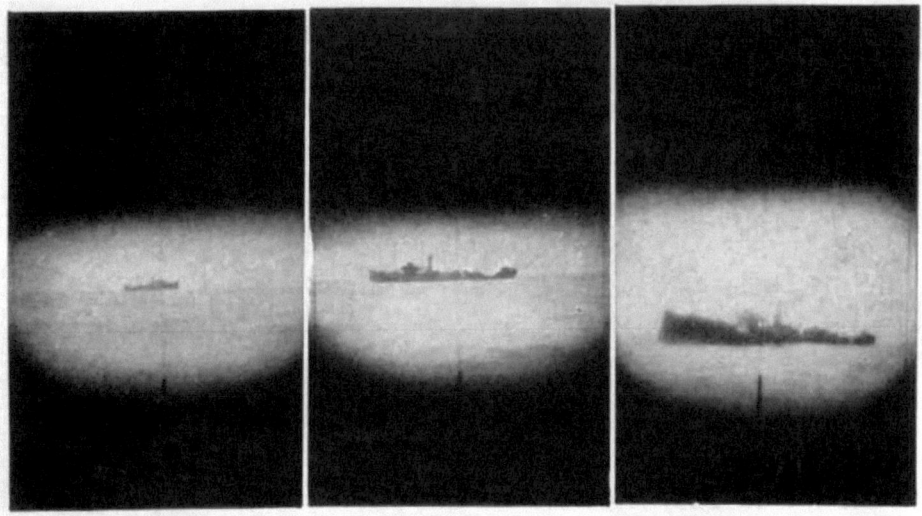

11, 12, 13. Aufnahmen von „Q 12" durch das U-Boots-Sehrohr
In 1000   500   250 Meter Abstand

14. Das Rettungsboot mit Commander Lewis
wird längsseit gerufen

15. Commander Lewis (links) und der Verfasser auf „U 62" im Jahre 1917

Fot. Presse-Photo-Ges. m. b. H., Berlin

16. Zwölf Jahre später in Reading
Commander Lewis   Der Verfasser

17. Die verräterische Rauchentwicklung
der brennenden Viermastbark „Asalia ex Chile"

18. Der nach dem Torpedotreffer verlassene Truppentransporter „Ausonia" (Cunard-Linie) im Sinken

19. Obermaat Paulsen wird als Ausguck aufgeheißt

20. Hagenbeck an Deck

21. Die Explosion von Wasserbomben im Kielwasser eines Zerstörers